保育の自由

近藤幹生
Mikio Kondo

岩波新書
1752

はじめに

乳幼児期とは、生まれてから小学校へ就学するまでの五〜六年間を指している。この期間において、保育や幼児教育のもつ意味とは、どのようなことだろうか。また、保育という営みについて、社会的地位が向上するには、どうしたらよいのか。こうした問いから、二〇一四年に前著『保育とは何か』(岩波新書)を書かせていただいた。読者から、さまざまな意見が寄せられてきている。「制度の全般をより詳しく知りたい」「問題点はわかるが、どのように解決をめざすのか」などがある。また「保育の実際を知ることはできたが、保育者の実態をもっと伝えてほしい」などの要望も出された。

この間、国・自治体では、保育施策の大きな変更が打ち出されてきた。二〇一五年には、「子ども・子育て支援新制度」(以下、新制度)が開始された。長い時間、課題とされてきた、いわゆる待機児童問題の解決をめざして、新たな制度がスタートしたのである。一八年には、乳幼児期の保育・幼児教育の内容に影響のある保育所保育指針や幼稚園教育要領が改訂・施行された。そして一九年以降には、一〇％への消費増税分を財源として幼児教育・保育を無償化する方針が具体化されようとしている。こうした諸施策は、保育や幼児教育制度の大きな改革であるにちがいない。しかし、現場では課題の解決に向かうというよりも、むしろさまざまなマイナスの影響が出ている。

この数年間を振り返るとき、保育・幼児教育の当事者（子ども・親・保育者・園長など）の立場にたち、より冷静な議論が必要であることを痛感している。

本書において私は、保育にかかわる諸問題を解く鍵として、「保育の自由」という理念的な課題を提起していきたい。この鍵により、幅広い世論の注目が乳幼児期の保育に向かうことを願っており、問題の解決をめざしたい。

本書では、複雑な保育・幼児教育の諸制度について、なるべくわかりやすく説明するようにした。同時に、私の基本的立場や考え方については、率直な意見を書かせていただいた。

＊本書では、保育や幼児教育は、保育園や幼稚園での保育の内容を示すことばとして用いる。子育ては、主として家庭や地域における乳幼児の保育の中身を示している。保育所と保育園、保育士または保育者について、以下のように表記する。

児童福祉法など関連法規では、「保育所」と定められているが、一般的に知られている「保育園」を用いる。保育園や幼稚園で働く専門職名として保育士、幼稚園教諭、保育教諭があるが、「保育者」とする。

また、保育所保育指針では「改定」幼稚園教育要領では「改訂」が用いられているが、本書では改訂とする。

目　次

目　次

第1章
子ども・親・保育者の姿を見つめる

保育園生活に支えられ、子どもの育ちを学ぶ

二〇一八年の春、保育園を卒園し、小学校へ入学した、ひなこさんのことから紹介する。ひなこさんの家族は、会社勤めのお父さん、同じく会社勤めのお母さんで、三人暮らしである。

ひなこさんが生まれてから、母親は一年間の育児休暇を取得したが、その後、入園させることができた。それから、二、三、四、五歳と保育園生活をかさね、ようやく卒園できたのである。

誰もがそうなのだが、初めての子を出産後、親は、さまざまなことが心配でたまらない。育児休暇を取ることができたとしても、子どもの姿に期待とともに不安をいだきながら毎日を過ごしていく。

かつて(九〇年代中頃)、子どもが、一歳や二歳などの小さい頃、親がわが子の世話をするなかで、〝公園デビュー〟などといわれたことがあった。母親が、わが子を連れて近くの公園などに出かけていく。そこで他の親子と出会いながら、子育てに関する相談事や情報交換をする場に参加することなどを意味することばである。地域によって違うかもしれないが、この〝公園デビュー〟は、最近では、あまり見られなくなったのかもしれない。ひなこさんの母親によ

ると、同じくらいの月齢の子をもつ同士でランチに行き、悩みを共有したり、おしゃべりしたりしていた。赤ちゃんの泣き声を気にせずに、気軽にランチもできるお店もあるという。最近は、自治体が主催する親子の集いや子育ての相談コーナー、遊びの広場なども、さかんになってきた。そして、保育園や幼稚園が実施する、就園前の親子向けの企画も、ずいぶん増えてきている。社会全体として、子育て世代を応援していくシステムが整備されつつあるのだとは思う。

しかしながら、親子へのサポートは十分とはいえないというのが、幼な子を育てながら懸命に働く両親の実感ではないだろうか。国の事業（「こんにちは赤ちゃん事業──乳児家庭全戸訪問事業」など）として、生後四か月までの乳児がいる、すべての子育て家庭を対象に実施されてはいる。ひなこさんの母親は出産後、間もない頃に、自治体の保健師さんが家庭を訪問し、相談にのってくれるので安心したという。でも、親としては、もっと回数を増やしてほしかったり、親側から声をかければ、いつでもすぐに対応してくれるという状況ではないという。

ひなこさんの父親は、都心まで通勤しており、早朝に出勤しても、帰宅が早いことはほとんどない。母親が育児休暇を取れたとしても、父親のそうした状態はあまり変わらない。ひなこさんの母親によれば、一人でわが子の風呂入れをどうしたらよいのかと、悩んだことがあったという。

保育園に入園できてから困ったのは、子どもが急な発熱をしたときの対応であった。祖母に頼んだが、都合がつかず、短時間の一時預かり保育や送迎など、有料のファミリーサポートシステムを利用することで乗り越えたことが何度かあった。そんなひなこさんも、保育園生活でさまざまな楽しい経験をかさねるにつれ、たくましく成長していき、病気もしなくなってきた。

ひなこさんが五歳児クラスの後半を迎える頃、冬に第二子が生まれることがわかった。母親は、再び育児休暇を取得することにした。大きなお腹で、ひなこさんの送迎のために、運転する日々となったわけだが、出産予定月が近づくにつれて、母親の運転には限界がくる。そこで、やや距離が離れているものの、祖父母が送迎にあたることになった。祖父と祖母とが、仕事や用件の調整をしながら、冬の約四か月間、保育園への送迎役をこなすことになったのである。

実は、ひなこさんとは、私の次女の第一子(孫)にあたる。

かつて、私は三人の子どもをもつ父親として、保育園には、本当にお世話になった。核家族として、保育園なしには子育てはあり得なかったと思う。

いっぽう、自らも私立保育園長・保育者として三〇年近く、保育の仕事をしてきた。ところが今度は、祖父として、保護者の立場として、保育園に通う孫(ひなこさん)の送迎の任務をこなすことになったのである。祖父として保育園へ通うことは、もちろん初体験である。この四か月間、祖母と交代しながらとはいえ、実のところ、かなり緊張して、任務を果たしていた。

朝、保育園の門を開けるときに、老眼鏡をかけたものの、暗証番号を忘れてしまったことがあった。インターホンで職員の方にお願いし、すぐに開けていただいた。また、毎朝の検温・食欲・機嫌・迎え予定時間などを表に記録する際、「体温、何度だったかな?」というと、横で孫が教えてくれたりもした。やはり最大の緊張を感じたのは、後部座席の孫を気にしながら、安全運転を心がけねばと、ハンドルを握りしめていたときだ。混雑した時間帯で、雨や雪が降り始めたときなど、なおさらであった。

それでも、毎日、送迎する中で確かに感じたのは、保護者の側から見た保育園という存在の安心感であった。何よりも、先生方の親子へのあたたかいまなざしがある。また、保護者向きのお便りのほかに、園内の廊下には、写真などが掲示されていて、保育の様子がわかるようにしてくれている(孫の補足説明もある)。夕方、門のところでは、安全を見守り、笑顔で親子に声をかけてくださる園のスタッフの方がいる。そして、保護者同士も、赤ちゃんを連れていたりすれば、門を開けて待ってあげ、挨拶を交わし合う姿など、明るく安心できる保育園であった。子どもや孫を保育園に預けることによって、あたたかい人間関係の輪が広がることは、とても大事に思えてくる。保育園から駐車場まで、長い距離ではないが、孫と手をつないで歩いた時間が、いまでは貴重な思い出となっている。

以下は、送迎時、私と孫との三回のやりとりの記録である。

二〇一八年一月末

祖父(私)「あっ、きょうは、くもがすごくて、そとがみえにくいね」

(と、車から一緒におり、雲を指さしたりしている)

孫 (しばらく、空と私を見つめてから、ためいきまじりに)「あれは、もや、というの」

二月上旬

(帰りに、車に乗せようとしたとき)

祖父 「きょうは、てんきよほうで、ゆきがふる、といっていたよね。あっ、あめみたい、いや、ゆきかな」
孫（しばらく空を見つめてから）「おじいちゃん、あれ、み・ぞ・れ、というの」

三月初旬
祖父「ひなちゃん、もうすぐ、ほいくえんと、おわかれだね」「あとなんこ、ねたらおわかれかな？」
孫（指でかぞえては、やめて、また同じことを繰り返してから、考えた表情をして）「えーと、いっしゅうかん、にしゅうかん、それから、さんしゅうかんしたら、かな。そつえんしき、というの」

もしかしたら、忘れかけていた自然現象への興味や関心、物事へのより確かな認識は、子どもによって、大人の側が、気づかされたりする面があるのかもしれないと思う。

いま、大人の社会は、本当にせわしい日々である。でも、子どもの声、ことばや表情に、ゆっくりと耳をかたむけることの大事さに、気がつく必要があるだろう。

日本の保育や子育てのあり方も、そこから問い直すべきではないだろうか。

＊

身近な親子の例をあげたが、より多様な、あるいは複雑な困難をかかえている親子の生活や心情もある。待機児童問題については、本書においてふれていくが、たとえば、入園を申請したものの「この保育園に入りたくない」という、入園を辞退する親も現れてきている。保育園の入園が決まらないという、市町村が発行する「不承諾通知」があれば、育児休暇を延長できることからこうした動きがあるようだ。また、育児休暇中の母親が、職場へ復帰する際、どのように働き続けられるのかという課題も少なくない。さらに、幼児教育・保育の無償化が現実化されていく場合、どのようにして、わが子の入園先を選んでいくのかということがある。さまざまな実態を一括りに表現することは難しいが、乳幼児を育てること、仕事を継続することにおいて、女性の側の負担が、依然として大きいままであるといえる。

いま、実際におかれている親子の状態やさまざまな心情を丁寧に見つめるべきだろう。このことは、子育て世代のみではなく、社会全体の課題になってきている。国・自治体には、こうした現実をよく見据えながら、抜本的な保育・子育て支援策を具体化することが、求められているのではないだろうか。

つぎに、保育者の姿を見つめてみたい。

保育者としての生きがいを考える

いま、多くの保育者たちが、毎日、毎日、保育園や幼稚園で働いている。しかし、ともすれば、保育の仕事は３Ｋなどと言われることがある。しかし、生きがいを見出しながら、明るく懸命に奮闘する姿を紹介したい。

片桐瞳さんは、私が教鞭をとる養成校で保育士資格を取得し、都内の私立保育園へ就職した。社会人として、早くも九年が経過している。在学中は、保育学にかかわる少人数の授業（ゼミナール）のリーダー（ゼミ長）として、学生たちのまとめ役であった。片桐さんが保育園で働いている姿から、保育者としての生きがいについて考え合いたい。

「ぜひ、勤務している園を見に来てほしい」とさそわれた。夏のある日、ゆっくり訪問させてもらうことができた。

その後、この九年を振り返りながら、保育を自由に語ってもらった。

就職して間もない頃は慣れなかったが、二～三年たつ頃には、子どもと自分との距離についても、冷静に保育を振り返ったりすることができるようになってきた。そして、五～六年たつ頃には、子どもたちの積極的な姿に、自分がエネルギーをもらっている日々であることも、実感するようになってきたという。

ご自身は、運動があまり得意ではなく、竹馬もよくできなかった。それでも、教える立場になるからと、毎日、練習をかさねていた。すると、子どもたちが、懸命に応援してくれるようになっていた。いま、自分は低年齢クラスの受け持ちではあるが、いろいろな年齢の子たちとつながっていることが実感できるし、そのことがとてもうれしいという。

今後のことを聞いてみた。

音楽が好きなので、子どもたちが歌っている声が、心に響いてくることがうれしい。ピアノ伴奏をしながら、こうした時間を園で一緒に過ごしたりしていくことが、いまでは、幸せなひとときだという。結婚したら退職しようか、という気持ちをいだいた時期もあったが、最近、結婚して、保育者として働き続けている。

片桐さんが養成校での学びを終え、社会人としてスタートする際、卒業生代表として挨拶をした。学生時代に学んだことととして、教員が仲立ちとなり、人と人とが出会い、つながっていくあたたかさを経験できた意味について話した。彼女自身が、家庭において、こうした素地をもっていたといえる。そして、学生生活の場で、私共教員がいくらかでもかかわれたことへの、感謝がこめられた、やさしい挨拶であったことを思い出す。

片桐さんと同様に、全国で保育者たちは毎日懸命に働いている。乳幼児期の子どもたちの成長・発達を保障する保育者の生きがいとは、どのような内容なのだろうか。保育に直接かかわらない大人たちも、保育者の姿にもっと目を向けてほしいと思う。最近の保育にかかわる諸問題について、片桐さんに質問してみた。

――待機児童対策のあり方について、どんな意見をもっていますか。

認可保育園に入れない親たちが多くなっています。保育園が不足しているからと、高架下の保育園や高層マンションの一室での保育などについては、どう思いますか。

「私たち保育者は、まず〝子どものため〟になることを考えます。子どもにとってなるべく一番良い環境で〝遊ぶ〟空間を確保してあげたい。また、保育者もストレスがたまるかもしれません。そうなると、良い〝質〟を保てない。新しく保育園をつくるとなると、地域住民の理解も必要かと思います。保育や福祉施設などの現状、仕事への理解をもっと広めて、その実情をいろいろな人たちにわかってもらうことも待機児童対策には必要だと思っています」

――保育者が不足するのは、「賃金・労働条件が悪いから」と言われるがどう思いますか。

「もっともっとたくさんの人に、保育者の仕事を知ってほしいです。世間では保育の現場の悲しい〝事故〟が多く取り上げられます。そのたびに、「保育者は何をしていたのか」と責任だけが問われます。たしかに、保育自体に問題はあったのかもしれません。ですが、どうしてそうなってしまうのか。人手が足りない現実や精神的にも肉体的にも大変なときがある。毎日毎日、命を預かっているという大きな責任を担っている、という保育者の気持ちも汲んでほしいと、ニュースを見て思ったことがありました。少しでも、そういった現状を知ってもらうことが、「賃金・労働条件が悪い」と言われる意味が、伝わることにつながるのではないか、と思っています」

――乳幼児期の子どもたちには、どのような経験をさせたいですか。

「子どもには、子どものときにしかできない「遊び」をたくさん経験してほしいです。簡単な操作ひとつで、何もしなくても好きなことができる、ということは現実に多くあると思います。ただ何も「考えない」ことは怖いことだと思います。必要なのは「人とのコミュニケーション」。友だちができて、一緒に遊ぶ楽しさ。思いがうまく伝わらないもどかしさ。喧嘩をして仲直りする喜び。一緒に何か達成したうれしさ。考えて乗り越えられた達成感……など、人と接することで、さまざまな感情がうまれ、葛藤するなかで成長してほしい、と思います。たくさんの人との出会いがあり、かかわるなかでたくさん遊ぶこと。この体験が必要だと思っています」

――保育をめざす若い学生たちに、伝えたいことは、どんなことですか。

「大きく言えることは一つだけです。「恐れずに現場にきてください。一緒に保育者として、人として、子どもと一緒に楽しく成長していきましょう」ということだけです。私たちと一緒に夢中になってきてくれれば、それだけで十分です。仕事をしているうちに、必要なことは身についていきます。ただ、何も努力をしなくても良い、ということではないので、何か自分でひとつ、自信をもってできること、好きなことを見つけてほしいです」

保育において、さまざまな苦労があるなかで奮闘する保育者の声は心強い。保育者は、生命を託された専門職として大事な存在である。子どもの成長・発達をともに保障していく保育の大切さについて、社会全体で理解できるようにしていきたい。一人の子が社会に誕生し、一年、二年と経過していくなかで、その子を通して、あたたかい人間の輪が形成されていく。人間としての最も大事な基礎工事ともいえる乳幼児期の保育者たちの姿、職務の生きがいについて、考え合っていきたいと思う。

制度改革と「保育の自由」が意味すること

さて、いま、日本中で片時も休むことなく、保育は行われている。もちろん、保育が行われているのは、保育園に限られたことではない。幼稚園もたくさん存在するし、認定こども園という新たな仕組みも、スタートして一〇年以上が経過している。さらに、二〇一五年からは「新制度」が開始されている。新制度では、保育園、幼稚園、認定こども園だけではなく、小規模保育事業、各種の子育て支援事業、企業主導型保育事業など、さまざまな保育形態による保育内容や子育て支援策が展開されている。とても複雑で多岐にわたる保育・幼児教育の制度である。

現在、社会の各分野において働いている人々の誰もが、それぞれの地域社会に生まれ、乳幼児期を過ごしてきた。保育園や幼稚園を卒園してから小学校へ入学し、学童期から思春期、青年期を経て、大人社会への仲間入りをしている。しかしながら、自身の乳幼児期には、ほとんど存在していなかった保育・幼児教育の施設が、いま登場してきているわけである。

本書では、こうした制度の仕組みを、なるべくわかりやすく理解できるように説明していく。同時に、問題点や課題については、率直に指摘をしたい。

二一世紀を迎えて、間もなく二〇年になろうとしている。急激な少子化と高齢社会の到来が大きな問題となっている。こうしたなかで、日本の保育・幼児教育制度、そして保育の運営や実践は、どうあるべきなのか。それは、保育・幼児教育への問いのみでは解決できないことでもある。だから、新たな試行錯誤をしている段階ということもできるが、保育・幼児教育制度としては、戦後の最も大きな転換点にあるといっても過言ではないだろう。

保育・幼児教育のあり方が大きく問われている現状を、共に見つめたい。制度の現状や、理念を考えながら、保育のあり方を問いたい。特に、保育運営・実践の自由を守り、発展させていきたい。

本書でいう「保育の自由」とは、どのようなことを意味しているのだろうか。それは、保育者たちが、目の前の子どもたちと共に、創りだしていく保育の営みそのものである。保育者は、一人ひとりの子どもの成長・発達の保障をめざして、力をかたむけている。子どもたちの願いを、しっかりと受けとめて、乳幼児期にふさわしい保育をすすめていく。もちろん、自分の保育がどうであったらよいのか、振り返り反省をし、よりよい保育をめざし改善していく。

各園としては、それぞれの保育の理念、あるいは目標や方針がある。各園では、そこに立ち返りながら、保育のあり方を議論し、毎日の保育を積みかさねている。保育者個人や集団による研修もある。こうした努力をかさね、保護者や地域社会の人たちとの信頼関係を大事にしながら、保育が行われているのである。もちろん保育の自由とは、保育者が子どもを放任して、気の向くままにしておくということとは違う。乳幼児期の子どもに対して、専門的知識・技術をもった保育者たちが、毎日、現場で判断をしながら保育を創造していく営みを意味している。その際、保育運営・実践の自主性、つまり自由であることが、最も重要であると思う。

ところが、最近、保育の内容をめぐって、「これは、させてはいけない」「○○を保育計画に書いていないといけない」など、上からの押しつけともいえる傾向、保育の自由を妨げる動きなどについて、心配しなければならない状況がでてきている。

こうしたなかで、保育の自由を守るためには、その基盤にある保育の考え方を確かめることが、必要だといえる。基盤にある保育の考え方とは、何だろうか。それは、子どもをどうみるか、どのような保育を大事に考えるか、ということだと思う。

いま、乳幼児保育の当事者（子ども・親・保育者・園長など）へ、社会のまなざしを向けてほしい。保育の自由を守り、発展させることにより、社会全体で、乳幼児保育の社会的地位の向上をめざしたい。

第2章

保育の理念を考える——いま、求められる子ども観・保育観

第1章では、保育の当事者のうち、子どもや親、保育者の姿について紹介してみた。では、いま、子どもをどうみていく必要があるのか。そして、どのような保育を大事にしていけばよいのだろうか。

第2章では、保育の理念として、子ども観・保育観のあり方について考えていきたい。はじめに、毎日、乳幼児の保育をすすめていくとき、保育者が子どもをどのようにみていくのかということから、考えていきたい。ことばを換えると、子どもとは、どのような存在なのか、それを保育者はどうとらえているか、ということになる。もちろん、子どもに対して、やさしい笑顔を向けてくれて、さまざまな遊びを楽しくすすめてくれる保育者であってほしい。その際、保育者が子どもの願いや意思、あるいは要求などを、どのようにとらえていくかが問題になってくる。そして、どのような保育をめざしていくのかという考え方を整理していく必要があるだろう。

そこで、どのように子どもをみていくのかを「子ども観」とし、どのような保育を大事に考えていくかを「保育観」ということばで説明していく。

1　子ども観を豊かにしていくために

子どもの権利条約を知る

子ども観や保育観の内容は、日常の保育とは、切り離せない考え方であるといえる。今日、注目したいのは、一九八九年、国連が採択した児童の権利に関する条約（以下、子どもの権利条約、日本は九四年に批准）である。そして、二〇一六年六月、児童福祉法が改正され、第1条、第2条には、児童福祉の理念として、「児童の権利に関する条約の精神」が、以下のように明記されるようになった。

第1条　全て児童は、児童の権利に関する条約の精神にのっとり、適切に養育されること、その生活を保障されること、愛され、保護されること、その心身の健やかな成長及び発達並びにその自立が図られることその他の福祉を等しく保障される権利を有する。

第2条　全て国民は、児童が良好な環境において生まれ、かつ、社会のあらゆる分野において、児童の年齢及び発達の程度に応じて、その意見が尊重され、その最善の利益が優先して考慮され、心身ともに健やかに育成されるよう努めなければならない。

1．児童の保護者は、児童を心身ともに健やかに育成することについて第一義的責任を負う。

2．国及び地方公共団体は、児童の保護者とともに、児童を心身ともに健やかに育成する責任を負う。

では、子どもの権利条約とは、どのような内容なのだろうか。そして、乳幼児期の保育とのかかわりを、どのように考えていくことができるのだろうか。

一九五九年、国連は児童権利宣言を示した。この宣言を条約化したのが、子どもの権利条約であるが、日本は九四年になって（世界で一五八番目に）、ようやく批准した。内容としては、大きくは、四つの基本的権利として、「生きる権利」「守られる権利」「育つ権利」「参加する権利」が表現されている。

同条約は、全体としては第1条から第54条まで明記されている。このなかから、乳幼児期の保育とのかかわりから、第1、第2、第3、第12、第31条などについて、簡単に紹介しておきたい。

第1条は、「子どもの定義」であり、満一八歳未満のすべてを対象としている。〇歳から一八歳までのすべての子どもに適用される条約であることがわかる。

第2条は、差別の禁止である。「児童に対し、児童又はその父母若しくは法定保護者の人種、皮膚の色、性、言語、宗教、政治的意見その他の意見、国民的、種族的若しくは社会的出身、財産、心身障害、出生又は他の地位にかかわらず、いかなる差別もなしにこの条約に定める権利を尊重し、及び確保する」（条文）とされている。

第3条には、子どもの最善の利益が明記されている。

第3条

1．児童に関するすべての措置をとるに当たっては、公的若しくは私的な社会福祉施設、裁判所、行政当局又は立法機関のいずれによって行われるものであっても、児童の最善の利益が主として考慮されるものとする。

2．締約国は、児童の父母、法定保護者又は児童について法的に責任を有する他の者の権利及び義務を考慮に入れて、児童の福祉に必要な保護及び養護を確保することを約束し、このため、すべての適当な立法上及び行政上の措置をとる。

3．締約国は、児童の養護又は保護のための施設、役務の提供及び設備が、特に安全及び健康の分野に関し並びにこれらの職員の数及び適格性並びに適正な監督に関し権限のある当局の設定した基準に適合することを確保する。

（日本政府による訳、以下、本書の内容は同様）

第12条は、意見表明権である。

第12条

1．締約国は、自己の意見を形成する能力のある児童がその児童に影響を及ぼすすべての事項について自由に自己の意見を表明する権利を確保する。この場合において、児童の意見は、その児童の年齢及び成熟度に従って相応に考慮されるものとする。

2．このため、児童は、特に、自己に影響を及ぼすあらゆる司法上及び行政上の手続において、国内法の手続規則に合致する方法により直接に又は代理人若しくは適当な団体を通じて聴取される機会を与えられる。

第31条は、余暇、遊びに関する内容である。

第31条

1．締約国は、休息及び余暇についての児童の権利並びに児童がその年齢に適した遊び及びレクリエーションの活動を行い並びに文化的な生活及び芸術に自由に参加する権利を認める。

2．締約国は、児童が文化的及び芸術的な生活に十分に参加する権利を尊重しかつ促進するものとし、文化的及び芸術的な活動並びにレクリエーション及び余暇の活動のための適当かつ平等な機会の提供を奨励する。

乳幼児期から権利をもつこと

さて、上記は、子どもの権利条約の内容の一部だが、ここから乳幼児の保育の内容を考えるとき、どのような視点を得られるのだろうか。

まずは、子どもの権利条約における子どもの定義として、〇歳から一八歳未満と定義されていることを考えてみたい。この条約を日本が批准した頃（一九九四年）、私は保育園に勤務していた。当時、子どもの権利条約と聞いたとき、対象は中学生あるいは高校生というイメージでとらえていた。なぜならば、自分で、ことばを用いて文章を書いたり、考えを表明したりできるのは、保育園の子どもたちではなく、より大きい年齢の子たちだろうと思っていたからだ。子どもの権利条約の対象が、〇歳児から一八歳未満であることを知ったのは、だいぶ時間が経過してからである。

実は、同条約が採択されて以降、内容を深めるために、さまざまな見解がまとめられてきている。その一つとして、二〇〇五年、国連子どもの権利委員会は「『乳幼児期における子どもの権利の実施』に関する一般的注釈第7号」(以下、一般的注釈7号)を提示している。

この内容を見てはじめて、乳幼児期の保育において、子どもの権利をつかんでいこうとする際、重要な視点があると考えるようになった。

国連子どもの権利委員会
「『乳幼児期における子どもの権利の実施』に関する一般的注釈第7号」
一般的注釈は大きく分けて4つの項目で乳幼児の権利について「勧告」を出しています。
(ア 生命、生存および発達に関する権利、イ 差別を受けない権利、ウ 子どもの最善の利益、エ 乳

幼児の意見と感情の尊重）

本委員会は、第12条が、年少の子どもおよび年長の子どもの双方に適用されることを強調したい。権利の保持者として、たとえ生まれたばかりの子どもであっても、自己の見解を表明する資格を与えられ、その意見は、「子どもの年齢と成熟に応じて適切に考慮される」

（瀧口優「乳幼児期の「ことば」と子どもの権利」『実践につなぐことばと保育』）

つまり、乳児の泣き、笑い、表情や想いを尊重することが必要だというのである。こうした基本的な姿勢は、保育でこそ、不可欠な視点ではないだろうか。保育者は、乳児期からのさまざまな願いを聞き取りながら保育をすることが大事になってきているということである。

先に見た通り条約の第3条では、「児童に関するすべての措置をとるに当たっては」「児童の最善の利益が主として考慮される」と示されている。また第12条では、「自己の意見を形成する能力のある児童がその児童に影響を及ぼすすべての事項について自由に自己の意見を表明する権利を確保する。この場合において、児童の意見は、その児童の年齢及び成熟度に従って相応に考慮される」とある。子ども（〇～一八歳）の立場が最優先されるべきだといわれている。

その際、〇歳児も含めて、意見を表明する権利があるということである。

2　保育観を深めるために

では、子どもの権利条約（第1、第3、第12、第31条など）の内容を視野に入れて保育を考えるとは、どのようなことだといえるだろうか。日常の保育の場面を思い起こしながら考えてみたい。

乳児の願いや想い（第1条）

〇歳児Aさんは、休み明けに親と登園してきたが、まだ、保育園にも慣れていないために、親と別れるときに大きな声で泣いてしまう。そんなとき、保育者は「おとうさん、おしごとだからね」などと言いながら、Aさんを抱き上げているが、Aさんは父親の方を指さしながら、なかなか泣きやまない。しかし、保育室へ入り他の子たちと積み木で遊んでいたりするうちに、しだいに仲間と遊べるようになっていく。

保育者が、Aさんの願いや想いを汲み取りながら保育をすすめていく場面である。〇歳児は、まだことばで意思を伝えたりすることができない。大半は、泣いたり、笑ったりすることで、自分の想いや願いを表現していくわけである。意味のあることばを発するようになるのは、一歳前後の頃である。〇歳児を保育する大事さとして、保育者は、子どもの表情なども見つめながら、その子の願いや想いに寄り添いたいものである。

意見表明の権利と保育（第12条）

では、第12条の意見表明の権利はどうだろうか。それは、〇歳児Aさんの例を含む保育をする際の、基本的な視点であると思う。乳幼児期の保育において、子どもたちの声に耳をかたむける姿勢は、いわば保育の原点であるといっても過言ではない。

私の園長時代に出会った五歳児Bくんのことを紹介しておこう。子どもたちが長く遊んできたスクーター（片足で乗る外遊び用の鉄製二輪車）が古くなり、新しいものに取り替えることになった。夕方、子どもが帰ってから、業者から到着したばかりのスクーターを箱から出し、園庭に出るところに並べた。主任保育士とともに、作業をしながら、子どもたちの喜ぶ姿を目に浮かべていた。翌日、予想していた通り、ほとんどの子たちは、新しいスクーターに乗って喜び、順番を待っている。やがて元気のないBくんがやってきて、私に「ふるいのがよかったのに……」と言うのである。動作がゆっくり気味なBくんは、列に並べずに乗れないから、負け惜しみで、そんなことを言うのだろうと思っていた。しかし、その後も、同じような話を繰り返すのである。数日後、また「ふるいのがよかったのに……ふるいのに、いろ、ぬればいい……」と言うのである。私は、このことばに、はっとしてしまった。その日の夕方、すでに倉庫に入れてしまった古いスクーターを出してきて、ペンキとハケを用意して、色を塗った。園庭に、新しいスクーターと一緒に並べておいた。翌日、前よりも大勢の子どもたちが、歓声をあげてスクーターを楽しむようになったのである。Bくんが、ほっとした表情をしていたことも忘れがたいものがある。

そのときを思い起こすと、いまでも、恥ずかしさがこみあげてくる。自分の中に、子どもたちは、新しい遊具の方がうれしいはずで、喜ぶはずだという気持ちのみが強くあったのではないか。五歳児Bくんの意見から、古いスクーターに色を塗ったわけだが、遊具や用具を大事に使用することの意味など(古いものは、取り替えればよいという)保育者としての基本姿勢に、反省をせまられた出来事でもあった。

子どもの意見表明権ということで、あと一点、取り上げておきたい。保育現場においてよく考えてみたいのは、公立保育園の民営化問題である。子どもが、どのような保育園で保育を受けるのかにかかわる課題である。基本的には、保護者によって入園の申請がなされ、行政により保育の必要性が認定され、入園が決定される。つまり、子どもは入園の決定には、かかわらないのである。しかし、入園後の保育環境や、保育者とのかかわりについて、最も影響を受けるのが、子どもたちなのだと思う。いま、公立保育園から民間保育園への移管が急速にすすむ地域や自治体がある。なかには、民営化することの是非について議論が分かれているために、審議会を設置し時間をかけて議論をかさねているところもある。いっぽう、審議会を開催することもなく、自治体内の公立保育園をすべて廃止するという方針を強行しようとするケースもある。

保育園の民営化については、前著『保育とは何か』においても、基本的考え方を述べた。子どもたち自身の立場を最優先するということについて、果たして、どのような考慮がなされているのか。大人社会の財政効率優先の施策といえる面が強いのではないだろうか。

子どもの最善の利益をめぐって（第3条）

子どもの最善の利益を保障することについては、聞いたことがあるかもしれない。ここで、詳しく紹介しておきたい。

子どもの権利条約の第3条にある子どもの最善の利益は、英語では「the best interests of the child」となっている。このことについては、前著でも取り上げたが、子どもの最善の利益をめぐる議論を紹介しておくことにする。

白梅学園短期大学の瀧口優教授（英語教育学、新英語教育研究会副会長）は、利益が「interests」と複数形であることに注目している。つまり、利益には、さまざまな利益があること、一人ひとりにより内容が異なるということである。また、元日本教育学会会長の大田堯氏は、子どもの最善の利益について、大人の側が努力するべき課題として論を展開されている。

たとえば学校であれ何であれ、ある公的機関が、これがこの子にとって「最善の利益」なのだと判断したばあいでも、実際にはその子にとってかならずしも「最善の利益」でないばあいが十分ありうるのです。ですから、「子どもの最善の利益」とは何かを実際にきめるのは、そのとき、その地域なり国なりの大人たちの社会の通念だということになりがちです。「無力な」子どもたちは、その結果にしたがうほかはないのです。

（大田堯『大田堯自撰集成1』）

子育て、教育は、親や教師にとって、こういうまったくこわい仕事でもあるのです。それに、たとえ既存の規定や法規のどの条項にも形式上違反しないようなものであっても、子どもにとって深い傷痕を残すようなことは、いくらもあります。

こう考えると、いまの大人の意識の中での「子どもの最善の利益」は、実はまことにもって怪しげなものなのです。

（同右）

大田氏によれば、真の意味で「子どもの最善の利益」となるには、「子ども心を知ること」である。そして大人の側がいだいている「偏見」と「誤解」の数々を「剝ぎとる」ことだという。子どもと私たち大人の側が、信頼関係を「創り出す覚悟」がなければならないという。保育現場において、乳幼児を理解するとはどのようなことなのか、あるいは子どもをどのようにとらえていくのか、保育者（大人）の側の、議論がたえず必要なのだと思う。特に、子どもから学ぶという謙虚さを大事にしていきたいものである。

休息及び余暇と保育（第31条）

第31条は、「休息及び余暇、レクリエーション、文化的な生活及び芸術」などを内容としている。保育現場では、乳幼児にとっての休息や余暇などのことまで、振り返ったりすることはあるだろうか。ストレス社会などと言われて久しいが、この際、子どもにとっての休息の意味などを考えてみてほしい。いま、乳幼児期の子どもたちの生活や遊びは、どのような状態にあるのか。

たとえば、子どもたちが、保育園に在園する時間が延びていることから注目してみよう。子ども自身には、疲労感はないのだろうか。保育園の開園時間の推移を見てみると、一九九八年には一一〜一二時間の開所割合が全体の二六・五％であったが、二〇一三年には一一〜一二時間の開所は、全体の六三・七％、一六年には、六六・二％となっている（保育研究所『保育白書』二〇一四年版、二〇一七年版、二〇一八年版による）。保護者の労働時間は増加していき、保育者たちは、交代勤務をしながら、なんとか対応してきている。保育者たちは、保育の打ち合わせ会などのために、全員が集まること自体がかなり厳しい状況であるだろう。では、子どもたちは、どうしているのか。

最近、ある私立保育園へうかがったとき、園長先生から、次のような話をうかがって、園児たちのことで議論した経験がある。それは、どうも子どもが疲れているようなので、様子を見ながらだが、「だらだら、ごろごろ、ぼーっと」するような保育の時間帯をつくってもよいのではないかと、職員会議で話し合ったそうだ。

第31条については、増山均氏(早稲田大学名誉教授)が詳しく研究をかさねてきている。

増山氏は、基本的な権利として、「文化の権利に光をあてるべき」だとして余暇については、以下のように説明している。

余暇とは、「価値を問われない時間を保障すること」なのだと思います。好きなことをするもよし、あるいはブラブラするもよし、何もしないのもよしと、生活と活動を自分で決める時間が保障されているところが非常に重要だと思います。

この条文は、英語、中国語、スペイン語など六カ国語の正文が作成されていますが、スペイン語の条文を見ましたら、日本語の「余暇」に当たる「オシオ(ocio)」という単語ではなく、「エスパルシミエント(esparcimiento)」という単語になっています。辞書を引きますと、「気晴らし」という単語なのです。

日本の子どもたちに、気晴らしの時間を保障する必要があるのだというまなざしを、私たちが持っているでしょうか。帰国してすぐに、私は子どもにはゆったりする権利、気晴らしの権利がある。さらに勢い余って「ブラブラする権利がある」と言ったので、真面目に教育実践にとりくんでいる先生方から批判を受けました。「子どもをブラブラさせておいていいのか」と言われましたけど、子どもがブラブラすることも権利なのです。「何もしないこと」をも保障することの意義について、もっと深めていく必要があるだろうと思います。

（増山均『「あそび・遊び」は子どもの主食です！』）

さらに同氏は、「あそび」があって「遊び」が成立すると論を展開していて、とても興味深い。

子どもにとって漢字の「遊び」は、何もしない時間の保障も含めて、ひらがなの「あそび」があってこそ成立するのだ、ということです。性急に遊びをとりいれてやらせるのでは、「遊ばせ活動」になってしまう、あるいは「遊びのサービス」になってしまいます。そうした「遊びのカリキュラム化」「遊ばせ活動」「遊びのサービス」と、子ども自身がつくりだしていく豊かな遊びを分けてとらえる視点が必要だと思います。そこで私は、ひらがなの「あそび」と漢字の「遊び」をセットにしてとらえる「あそび・遊び」ということを提起しているわけです。

たとえば車のハンドル、ブレーキペダルにあるゆとりの部分ですね、ここを日本人は「あそび」と言ってきたわけですが、そこには重要な意味があって、一見無駄に見えるのですが、それがないと機能しない、正常な働きにならないという、実に本質的な意味があります。今、子どももおとなも、むしろおとなの側がひらがなの「あそび」の部分が奪われているというのが、現代社会の問題なのではないかと思います。

（同右）

保育の現場において、思いあたる場面がいくつもある。たとえば、遊びのプログラムを保育者が企画して、子どもと一緒に夢中になって遊んだ。終了後、子どもたちがやってきて、「せんせい、あそんできてもいい？」と聞いてくる。そんなとき、遊びではなく遊ばされていたのではと、反省したりすることがある。もちろん増山氏は、漢字の「遊び」を否定しているわけではない。あらためて、ひらがなの「あそび」の意味、相互の関連性を、乳幼児期の保育実践において考えるよう、問題提起をしているように思う。

＊

子どもの権利条約のうち、その一部について、とりあげてみた。乳幼児期の子どもをどうとらえるかという子どもへの見方・考え方(子ども観)を、豊かに築いていくきっかけにしてほしい。

たとえ生まれたばかりの子であっても、一人ひとりがどのような願いや想いをもっているのかを知ろうとする、大人の側の姿勢が問われているといえる。さまざまな子どもたちと出会い学びながら、子ども観を深めていきたい。そして、どのような保育を創造していけるのかという保育観の検討をかさねてほしい。

3　保育の質の向上と専門性

保育施設において、不幸にして子どもの生命にかかわる事故が起きたりした際、「保育の質が低下している」、あるいは「保育の質の向上が必要だ」ということがよく聞かれるようになってきた。たとえば、保育施設で保育士の資格がない者が保育をしていることから、保育の質ということが問題視されたりする。事故については第4章でふれるが、実際にそこでどのような保育が行われていたかが、問われてくる。

ここでは、どのような保育が求められているのか。あるいは、どのような保育を大事に考えるかということから、保育の質の向上と専門性に目を向けてみたい。

保育の質にかかわる議論を説明するにあたり、二つのことを整理しておきたい。一つは、そもそも保育者には、どのような専門性が求められているのかということである。そして、保育の質の向上について、どのように考えるべきなのか、についてふれておく。

（保育の質については、保育園、幼稚園、認定こども園など、現状の保育諸施設すべてにおける保育の考え方を指している。諸施設ごとに法的な文書があるが、ここでは保育園関係の文書を用いて説明していく。）

保育者に求められる専門性の内容

保育者が保育を行う際、よりどころとなる「保育所保育指針」という厚生労働省の文書がある。保育所保育指針は、一九六五年以来、改訂がかさねられてきた。そして、保育者に求められる専門性についても、時代の変化を踏まえながら改訂・記述されてきている（本書第5章でふれる)。

保育者の専門性については、最新の改訂である二〇一八年保育所保育指針において、次のように記述されている。「保育所における保育士は、児童福祉法第18条の4の規定を踏まえ、保育所の役割及び機能が適切に発揮されるように、倫理観に裏付けられた専門的知識、技術及び判断をもって子どもを保育するとともに子どもの保護者に対する保育に関する指導を行うものであり、その職責を遂行するための専門性の向上に絶えず努めなければならない」としている。(「保育所保育指針」第1章)。

保育者に求められている専門性の内容を、保育所保育指針解説により要約すると以下の六点になる。

①子どもの発達に関する専門的知識を基に子どもの育ちを見通し、一人一人の子どもの発達を援助する知識・技術
②子どもの発達過程や意欲を踏まえ、子どもが自ら生活していく力を細やかに助ける生活援助の知識・技術
③保育所内外の空間や様々な遊具や素材、物的環境、自然環境や人的環境を生かし、保育

の環境を構成していく知識・技術

④子どもの経験や興味関心を踏まえ、様々な遊びを豊かに展開していくための知識・技術

⑤子ども同士の関わりや子どもと保護者の関わりなどを見守り、その気持ちに寄り添いながら適宜必要な援助をしていく関係構築の知識・技術

⑥保護者等への相談・助言に関する知識・技術

（厚生労働省『保育所保育指針解説』より筆者要約）

これらの内容については、保育者をめざす養成課程のある大学・短期大学・専門学校などの授業において学んでいく。さらに、保育園においても研修をかさねながら学び続けていくことになる。

こうした専門的知識・技術を修得するなかから、保育の質の向上をめざしていく。私は、その際に、保育の現場で保育の自由が守られながら大きくは三つの視点が必要だと考えてきている。

保育の質の向上に必要なこと

一つ目は、保育環境の諸条件の質ということである。より具体的には、保育環境にかかわる質(保育環境、園庭の確保、保育者の配置基準など)や保育者の賃金・労働条件に関する質である。

二つ目としては、関係性の質ということである。保育における人間関係に注目する内容である。

三つ目としては、保育におけるプロセスの質とでもいえる内容である。

それぞれについて、私の基本的な考え方を説明しておく。

保育環境の諸条件は、時代と共に、絶えず改善されなければならないといえる。たとえば、子どもが毎日過ごす保育園の園舎が、老朽化が激しい場合を考えてみる。仮に、耐震化工事がなされていないとしたら、子どもの生命の安全を保障することさえできなくなる。また、園庭を確保することの難しさが課題になっている。乳幼児期に、体をおもいっきり使って遊べる場所は、必須といえる。保育をする年齢ごとに保育者は、十分に配置していくことが必要だろう。さらに、保育園で働く保育者の賃金・労働条件を改善することが必要である。こうした保育環境の諸条件は、時代と共に、絶えず改善をはかってほしい。

次に、乳幼児保育の基本となることは、子どもが仲立ちとなり、人間対人間の信頼関係を築いていくことである。子どもが安心できるような保育の場をつくることや関係づくりが肝心となる。一つ目にふれた保育環境の諸条件が、どのように改善されたとしても、保育における信頼関係を築く努力がなされていないとしたら、子どもの成長・発達を保障することはできないだろう。

人間対人間の信頼関係にかかわることを、一言で表現するとしたら、目と目を見つめ合える関係性だと思う。〇歳児のことを例にあげたが、泣いていた乳児を保育者が抱きかかえながら、互いに表情を見つめ合い、気持ちを通わせ合うことができる。その子の気持ちが理解できたとき、保育者としての喜びを実感することができる。朝、親と泣いてわかれてしまったとしても、保育者との安心できる人間関係が築かれることで、子どもは人への信頼感を獲得していくといえるのである。

三つ目の保育のプロセスとは、どのようなことだろうか。それは、保育者と子ども、あるいは、集団の中で、一人ひとりが成長・発達をとげていく保育そのものを意味している。たとえば、跳び箱にチャレンジしているが、なかなかできない子がいる。それでも練習をかさね、できるようになっていく。跳び箱を飛べるようになる結果も大事である。しかし、それ以上に、懸命に挑戦する姿を、仲間たちや保育者が、励ましていくことこそ大事にしたい。こうした保育のプロセスが、ゆっくりと保障されることが必要なのである。

こうした三つの視点をもちながら、保育の質の向上について、深く考えていきたい。その際、保育者にとって保育の自由が守られなければならない。つまり保育の質の向上には、保育者が保育を振り返りながら、子ども観を豊かにしていくことが求められている。保育現場においては、保育の質の向上をめざして保育をすすめ、どのような保育を大事に考えるか、すなわち保育観を創造することが求められていくだろう。

保育観を豊かに創造することについては、第6章において、いくつかの具体的実践にふれながら、さらに考えていきたい。

第3章

新制度の開始と待機児童問題

第2章では、いま求められている子ども観と保育観について、私の考え方を整理して述べてみた。

では、実際の制度のうち、二〇一五年から開始されている新制度について具体的に見ていくようにしたい。特に、保育の当事者(子ども・親・保育者・園長など)の立場から、現状と課題をつかめるように説明していく。

1　新制度のおおまかな仕組み

二〇一五(平成二七)年四月、「新制度」が開始された。そもそも新制度とは、どのような制度なのか。新制度は、これまでのように、保育園・幼稚園・認定こども園など、集団による施設における保育のみではなく、地域型保育事業、地域における子育て支援事業などを含む、広範囲な制度である。はじめに、**図3-1**をもとにポイントをおさえ概要をつかんでほしい。

市町村主体として、「認定こども園・幼稚園・保育所・小規模保育など共通の財政支援」と

「地域の実情に応じた子育て支援」(図3-1の左側部分)とがある。また、国主体として「仕事と子育ての両立支援」がある(図3-1の右側部分)。実は、この部分「仕事と子育ての両立支援」は、二〇一六年度からあらたにスタートした国主体の事業であり、大きく企業主導型保育事業とベビーシッター等利用者支援事業との二つがある。

まず、市町村主体の「認定こども園・幼稚園・保育所・小規模保育など共通の財政支援」と「地域の実情に応じた子育て支援」から見ていく。幼稚園(三〜五歳)、保育所(〇〜五歳)、認定こども園(〇〜五歳)とある。これらは、施設型保育給付として財政支援がされている。

また、小規模保育、家庭的保育、居宅訪問型保育、事業所内保育とある。それぞれについて、簡単に説明しておく。

「小規模保育」(〇〜二歳)は、六人以上一九人が定員であり、A型、B型、C型がある。それぞれの型により職員数や資格、設備・面積が決められている。

「家庭的保育」は、保育者の居宅その他の場所で行うもので、五人以下が定員になっている。

「居宅訪問型保育」とは、保育を必要とする子どもの居宅での保育、いわゆるベビーシッター等のことである。

「事業所内保育」とは、職場保育といえばわかりやすいかもしれない。事業所に従事する職

国主体

〔地域の実情に応じた子育て支援〕

地域子ども・子育て支援事業

・利用者支援事業
・地域子育て支援拠点事業
・一時預かり事業
・乳児家庭全戸訪問事業
・養育支援訪問事業等
・子育て短期支援事業
・子育て援助活動支援事業（ファミリー・サポート・センター事業）

・延長保育事業
・病児保育事業
・放課後児童クラブ

・妊婦健診
・実費徴収に係る補足給付を行う事業
・多様な事業者の参入促進・能力活用事業

〔仕事と子育ての両立支援〕

仕事・子育て両立支援事業

・企業主導型保育事業
⇒事業所内保育を主軸とした企業主導型の多様な就労形態に対応した保育サービスの拡大を支援（整備費，運営費の助成）

・企業主導型ベビーシッター利用者支援事業
⇒繁忙期の残業や夜勤等の多様な働き方をしている労働者が，低廉な価格でベビーシッター派遣サービスを利用できるよう支援

（内閣府「子ども・子育て支援新制度の概要」説明書より）

員の子どもを保育する保育施設である。合わせて、地域の保育を必要とする子どもの受け入れもする（地域枠という）。

次に、「地域の実情に応じた子育て支援」は、事業の内容としては、地域子育て支援拠点事業、一時預かり事業、延長保育事業、放課後児童クラブ、ファミリー・サポート・センターなどをも含む、かなり幅広い範囲の事業になっている。

さらに、「仕事と子育ての両立支援」は、企業主導型保育事業と企業主導型ベビーシッター利用者支援事業になっている。国主体の事業として二〇一六年度から新たに追加された事業である。

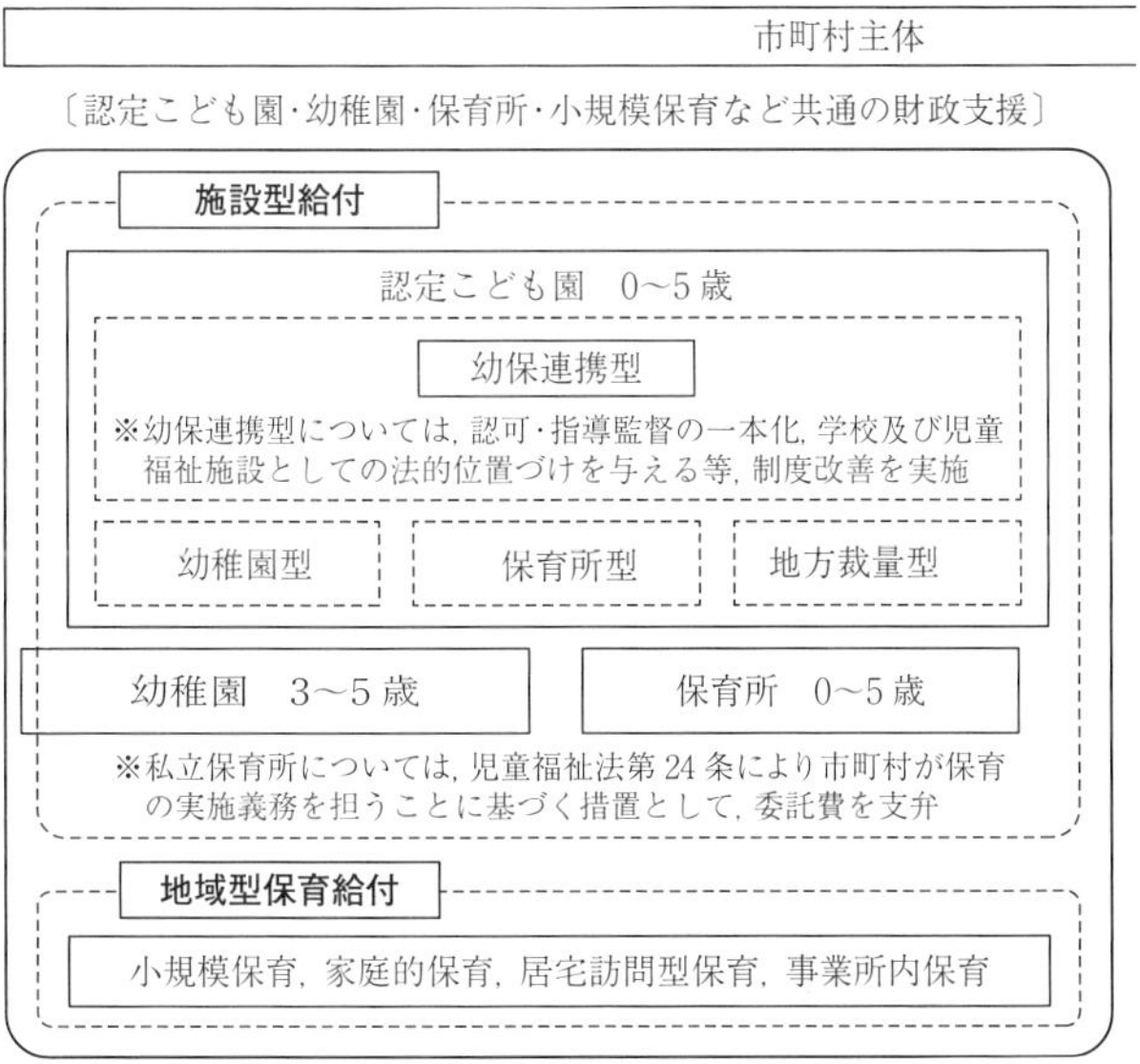

図3-1　子ども・子育て新制度の概要

後述するが、企業主導型保育事業は、五万人分の保育の「受け皿」をつくるとして設けられた内容である。

2　新制度で待機児童はどうなるか？

施設(保育園・幼稚園・認定こども園)型の保育と地域型保育

図3-1左上側の施設型給付の施設には、「保育所・幼稚園・認定こども園」がある。いわゆる施設における保育を意味している。二〇一七年現在、施設保育の種類別の全国の箇所数は、保育園(二万三四一〇)、幼稚園(一万一

二五二)、認定こども園(五〇八一)、などとなっている(表3−1)。

表3−1　保育所・幼稚園・認定こども園の種類別数

施設の種類		施設数(か所)
保育所		23,410
幼稚園		11,252
認定こども園(5,081か所)	幼保連携型	3,618
	幼稚園型	807
	保育所型	592
	地方裁量型	64

(内閣府「子ども・子育て支援新制度について」2017年6月より作成)

また、新制度で開始された地域型保育給付施設の認可件数は、家庭的保育事業(九五八)、小規模保育事業(二四二九)、居宅訪問型事業(九)、事業所内保育(三二三)、となっている(表3−2)。

今日的課題である待機児童の大半は、一〜二歳児である。この一〜二歳児は、どこで預かることができるのだろうか。まず、保育園(〇〜五歳)が基本的に整備されていけば、待機児童の解消をめざせるだろう。しかし現状では、待機児童がいる自治体において、整備がスムーズにすすんでいるとはいえない。

では、認定こども園(〇〜五歳)の場合はどうだろうか。

ここで、認定こども園について説明しておく。認定こども園は、大きく二つの働き(機能)をもっている。就学前の保育・教育を担うこと、そして地域の子育て支援をすすめることである。

認定こども園には、幼保連携型、保育所型、幼稚園型、地方裁量型という四つの型がある。

幼保連携型認定こども園は、認可をうけている幼稚園と保育園とが一体的に運営、保育所型認定こども園は、保育園が幼稚園の機能をもつこども園として運営、幼稚園型認定こども園は、幼稚園が保育園の機能をもつこども園として運営、地方裁量型は、認可外だが幼稚園の機能、保育園の機能をもち地域の実情に応じて運営されている。このうち、現状では幼保連携型認定こども園数が多い。

保育園・幼稚園から認定こども園への移行状況としては、徐々に増加傾向にある。しかし、今後、どのような見通しをもてるだろうか。国は、新制度への移行を円滑にすすめたい方針だが、幼稚園側にもさまざまな不安や懸念材料があることも確かである。移行に関して園側が懸案と考えている点として、「市区町村との関係構築への不安」「施設の収入の面での不安」「新制度への移行に伴う事務の変更や負担増大等に不安」などがあげられている(表3-3、表3-4)。

そして、認定こども園の場合、調理室などの施設を整備する必要が出てくる。さらに、一〜二歳児の受け入れが、必ずしも義務づけられてはいないという課題

表3-2　地域型保育事業の認可件数

〔件〕

事　業	件　数
家庭的保育事業	958
小規模保育事業	2,429
A　型	(1,711)
B　型	(595)
C　型	(123)
居宅訪問型事業	9
事業所内保育所	323

(内閣府「子ども・子育て支援新制度について」2017年6月より作成)

表 3-3　私立幼稚園の新制度への移行状況
（対象園 7,892，複数回答）　〔園，％〕

(1)　2018 年度までに新制度に移行（移行する方向で検討中を含む）	3,512 (44.5)
（内訳）認定こども園になって移行	2,351 (29.8)
幼稚園のまま移行	1,116 (14.1)
幼稚園のままか認定こども園かを検討	45 (0.6)
(2)　2019 年度以降に移行を検討・判断	3,301 (41.8)
(3)　将来的にも移行する予定はない	1,067 (13.5)
(4)　無回答	12 (0.2)

（内閣府調査，2017 年 10 月 12 日より作成）

表 3-4　新制度への移行に関して園側が懸案と考えている点（対象園 2,815，複数回答）　〔園，％〕

新制度の仕組みが十分理解できない	1,023 (36.3)
市区町村との関係構築への不安	620 (22.0)
保護者の理解が得られるか不安	1,180 (41.9)
応諾義務や利用調整の取扱いへの不安	1,626 (57.8)
所得に応じた保育料になるなどの利用者負担の仕組みに不安	1,202 (42.7)
施設の収入の面での不安	1,512 (53.7)
新制度への移行に伴う事務の変更や負担増大等に不安	2,095 (74.4)

（内閣府調査，2017 年 10 月 12 日より作成）

もある。

ここで小規模保育事業について、詳しく説明しておく。

前述したように、小規模保育事業には、三つの類型(A型、B型、C型)が設定されている。A型は、保育園分園や小規模の保育園に近い類型であり、保育従事者のすべてが保育士資格をもたなければならない。B型は、A型とC型の中間の類型であり、保育従事者の二分の一以上を保育士として、保育士以外の配置が認められている。C型は、家庭的保育に近い類型のことである。家庭的保育とは、研修を受講した家庭的保育者のもとで行う保育である。そして、小規模保育所は、〇～二歳まで一九人が定員になっている。

3　なかなか増えない認可保育園

これまで見てきたが、新制度では、保育園、幼稚園、認定こども園という施設(施設型給付)と同時に、地域型保育事業(小規模保育事業、家庭的保育事業、居宅訪問型事業、事業所内保育)等の保育がある。乳幼児を預ける親としては、多様化する預け先をどのように考えればよいのだろうか。

新制度による待機児童問題の解決は、どのようにすすむと考えられるだろうか。各地で問題になっているが、認可保育園の増設は、必ずしも計画的にすすんでいる状況とはいえない。一方で、認定こども園は、毎年、園数は増加してきている。しかし、すべての認定こども園が、〇〜二歳児を預かるのかどうか、現時点で十分に見通しをもつことは難しく、今後の推移を見ていく必要があるだろう。

また、地域型保育給付による施設は、特に小規模保育事業数が増加してきている。保育の主たる対象が〇歳から二歳までであることから、親は三歳からの預け先を探さねばならないという課題がある。さらに、小規模保育事業には、無資格者の存在や園庭の確保が十分できないことなど、保育の質にかかわる問題も少なくないのである。

今後の動きを見通すことは容易ではないが、厚生労働省により公表された最新の「保育所等数」の推移(「保育所等数」とは、認可保育園及び幼保連携型認定こども園等の保育施設、地域型保育事業の数値を含む)をよく見ておこう(図3-2)(二〇一八年九月)。

これによると、たしかに保育所等数の合計数値は、新制度が開始された二〇一五年の二万八七八三から一八年(三万四七六三)に急増していることがわかる。しかしながら、よく見ると、同じ期間で認可保育園は、一五年(二万三五三三)、一六年(二万三四四七)、一七年(二万三四一〇)、

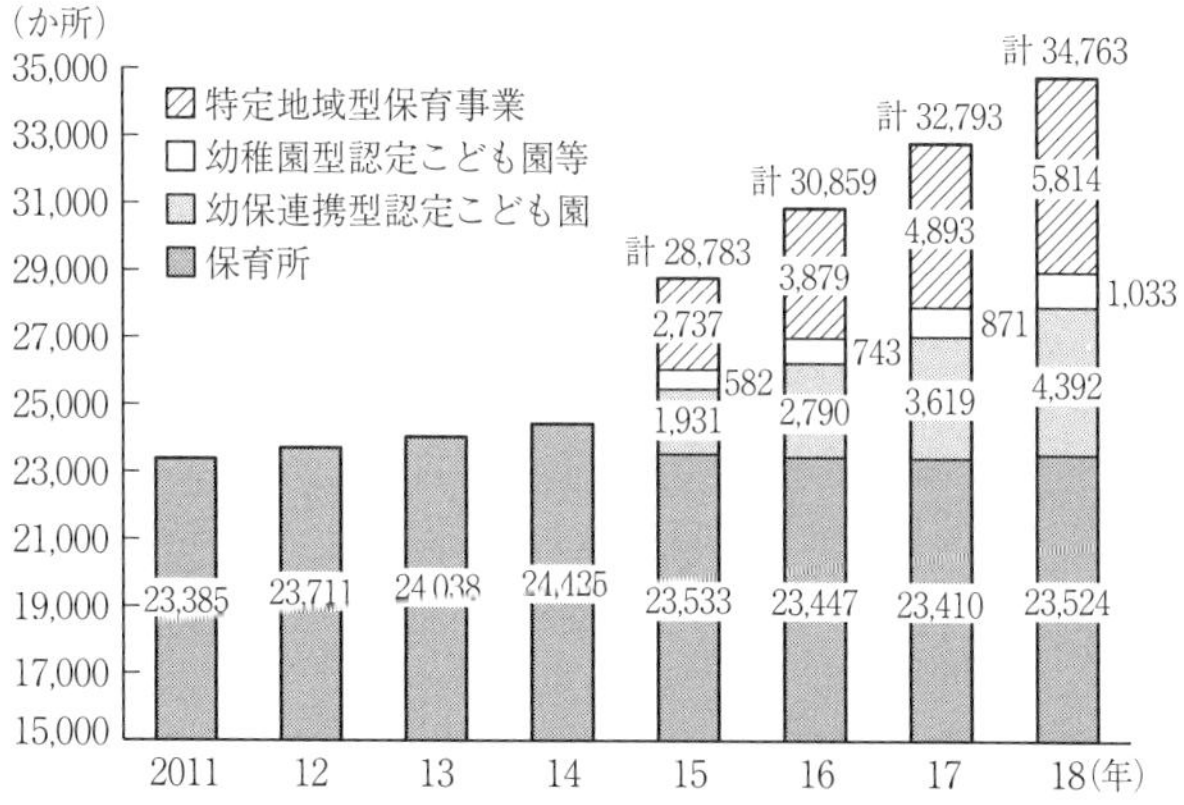

図 3-2　保育所等の数の推移
（厚生労働省「保育所等関連状況取りまとめ（2018 年 4 月 1 日）」9 月 7 日より）

表 3-5　保育所等数の推移（2015～18 年）

〔か所〕

	2015 年	2016 年	2017 年	2018 年
特定地域型保育事業	2,737	3,879	4,893	5,814
幼稚園型認定こども園等	582	743	871	1,033
幼保連携型認定こども園	1,931	2,790	3,619	4,392
認可保育園	23,533	23,447	23,410	23,524

（図 3-2 に基づき 2015～18 年の推移を筆者が作成）

一八年(二万三五二四)と、ほぼ横ばい状態である。この期間に増加したのは、「特定地域型保育事業」「幼稚園型認定こども園等」「幼保連携型認定こども園」数であることが示されている。認可保育園数は、一七年から一八年にかけて、一一四か所増えただけである。問題をわかりやすくするために、一五年から一八年までの保育所等数の数値を、表にまとめてみた(表3-5)。

この三年間で、保育所等数がかなり増加してきていることは、待機児童の解決に向かうかに見える。しかし、その内実とは、認可保育園の増加によるものではなかったことを、確かめておきたい。

4　親たちのほんとうの希望とは?

そもそも親たち自身は、いかなる要望をもっているのかを整理してみたい。

人口密集地域である東京都は、毎年の待機児童数が全国一多い。こうしたなかで、最近実施された、子育て世代への保育ニーズ調査(二〇一八年)の内容は、注目に値するのではないだろうか。調査は、都内の就学前児童(〇~五歳)がいる約三万八〇〇〇世帯を対象に、二〇一七年八~九月に実施され、二三区と一七市との比較をしたものとして明らかにされている。

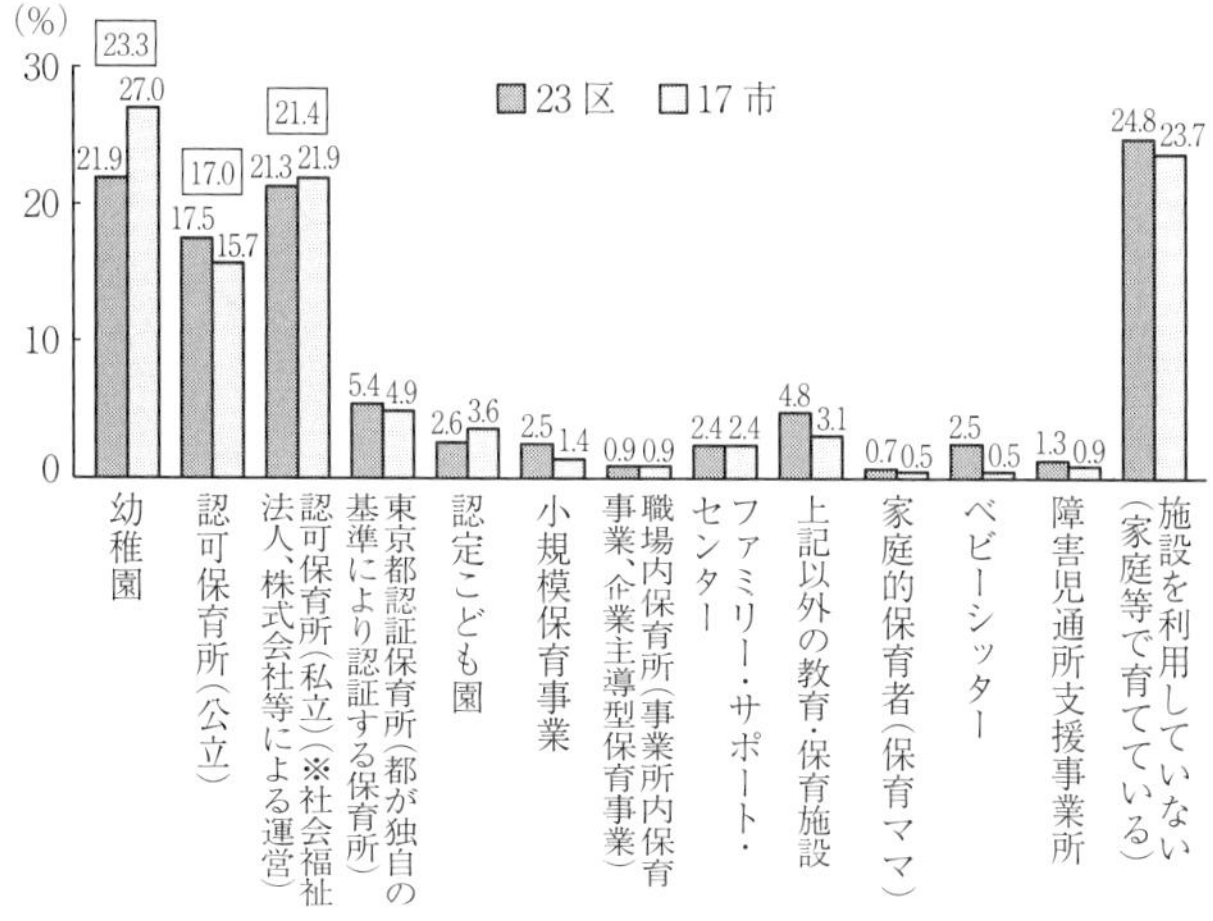

図3-3　定期的に利用している教育・保育サービスの種類（複数回答）
（都福祉保健局「東京都保育ニーズ実態調査結果報告書」2018年1月より）

「定期的に利用している教育・保育サービスの種類」（複数回答）では、二三区と一七市との間に、利用するサービスに大きな差は見られない。最も利用が多いサービスが「幼稚園」二三・三%であり、以下「認可保育所（私立）」二一・四%、「認可保育所（公立）」一七・〇%の順である。また、全体の利用者は少ないが、「小規模保育事業」や「ベビーシッター」は二三区での利用割合が高い（図3-3）。

では、どのような「教育・保育サービス」を希望していたのか。「利用を希望していた教育・保育サービスの種類」（複数回答）の上位は、「認可保育所（公立）」が五一・九%であり、以下「認可保育所（私立）」が三九・三%、「幼

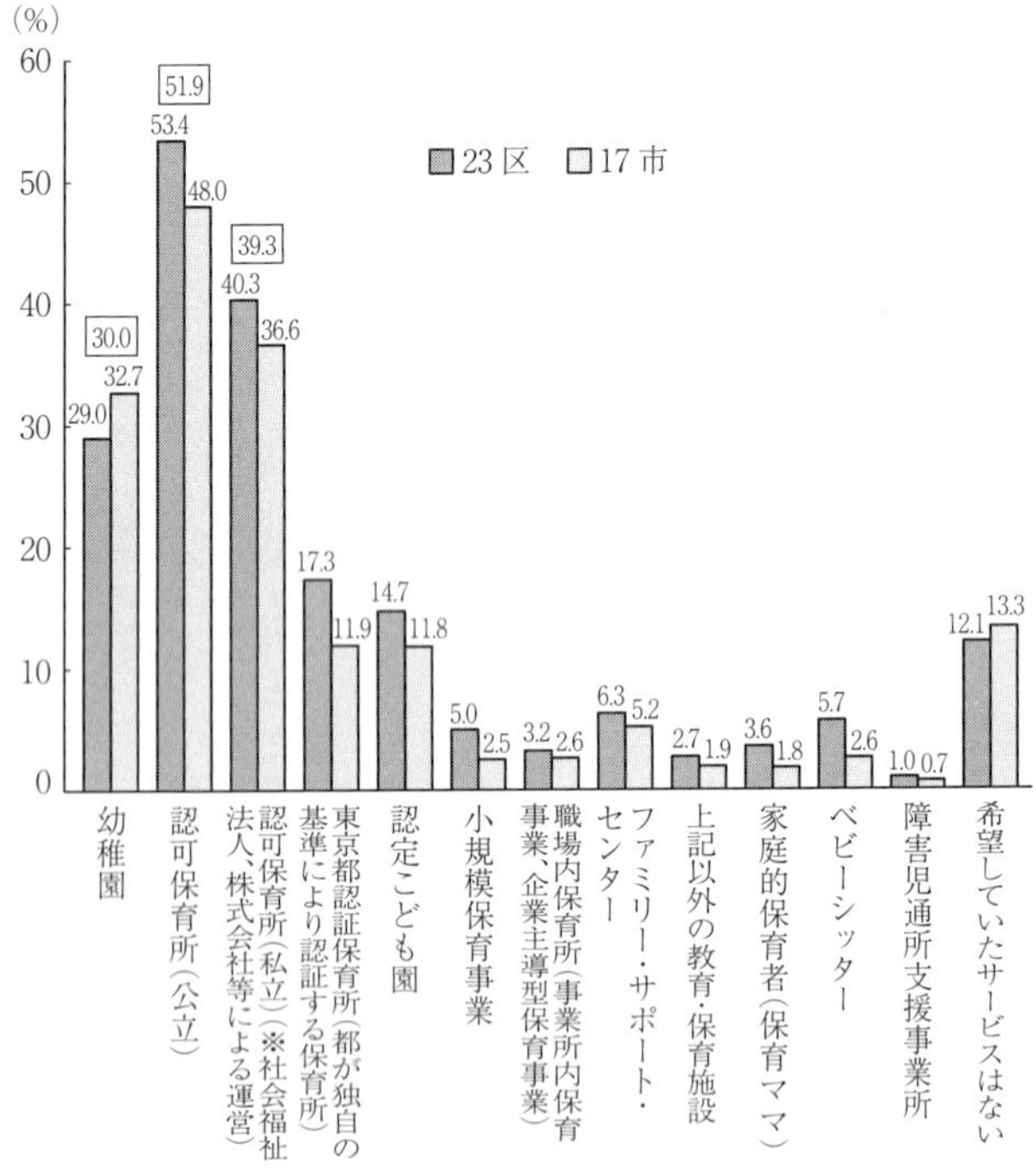

図3–4　利用を希望していた教育・保育サービスの種類(複数回答)
(都福祉保健局「東京都保育ニーズ実態調査結果報告書」2018年1月より)

稚園」三〇・〇%となっている。特に二三区では、「認可保育所(公立)」を希望していた割合が高い数値を示している(図3–4)。

　これにより、希望していたサービスと実際に利用しているサービスとで、大きなギャップが存在することがわかる。現在、利用しているサービスが、元々は何番目に希望していたかを聞いたところ、第一希望と回答した割合

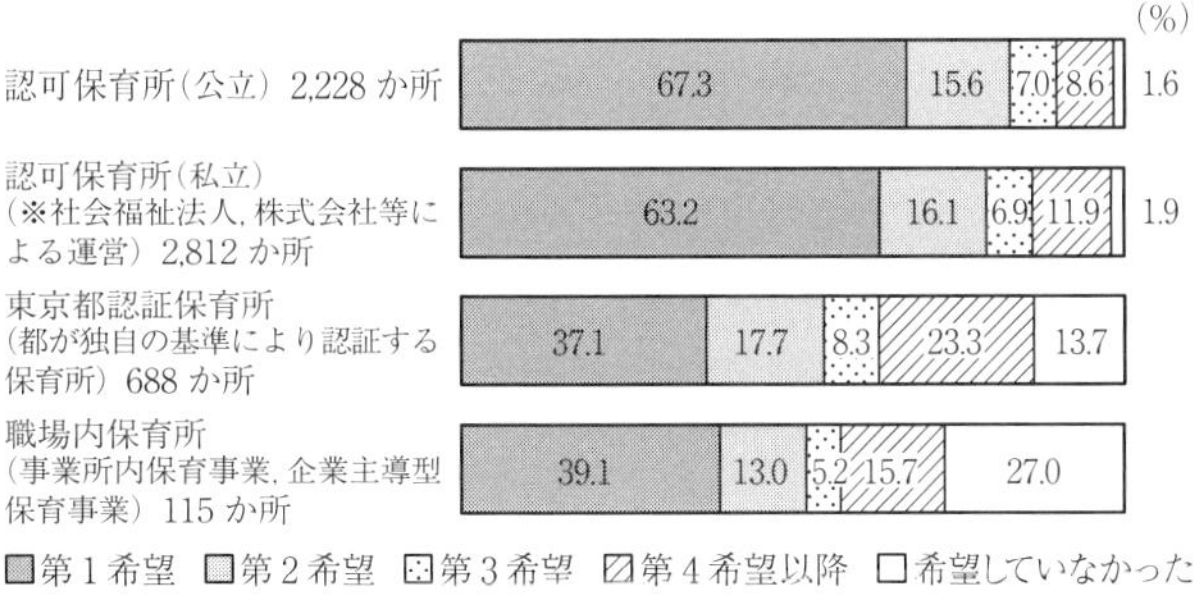

図 3-5　利用サービス希望順位
（注）母数は保育所サービス利用者
（都福祉保健局「東京都保育ニーズ実態調査結果報告書」2018 年 1 月より）

は「認可保育所（公立・私立）」では、公立六七・三％私立六三・二％と六〇％を超えている。しかし、その他のサービスでは、三〇％台になっている（図3―5）。

つまり、新制度下、多くの種類の保育施設が誕生してきているが、都内の子育て世代の立場からみた保育需要とは、かなり大きな開きがあるといえる。都内では、公立・私立の認可保育園への希望が高いにもかかわらず、利用できていない実態が明らかになったといえる。

親たちは、公立・私立の認可保育園への入園を希望しているが、認可保育園が不足しているために、やむを得ず、他の施設や小規模保育園へ通わせたりしているのである。

こうした現状があるなかで、既述のように企業主導型保育による事業が、二〇一六年からスタートしている。48～49ページ図3―1の右端「仕事と子育ての両立支援国主体」をもう一度、見てほしい。ここの部分は、新制度が発足した時点では、含まれていなかった内容である。国は、企業主導型保育を積極的に活用することにより、待機児童問題の解消を図ろうとしている。この問題は、次章において、詳しく説明をしていく。

5　待機児童数は、どう変化してきたか

さて、首都圏での新制度後の実際を見つめたとき、親たちが認可保育園(公立・私立)を強く願うにもかかわらず、十分に応えきれていない面があることが、理解していただけただろうか。

新制度が開始された頃にさかのぼり、もう少し考えてみよう。

新制度は、二〇一二年に成立し、二〇一五年から開始された仕組みである。それは、現在の消費税を八%から一〇%へ増加させていく「社会保障と税の一体改革」の柱として、一二年に成立した新三法(子ども・子育て支援法、改正認定こども園法、関連法律改正)により施行された。その後、消費税の一〇%への引き上げは、一九年へ先送りされてきている。

つまり、財源問題が未決着なままで、二〇一五年四月、新制度が動き出したのである。

新制度のねらいは、長年にわたる待機児童問題の解決をめざすことにあった。しかし、いま

だに解決に至っていないことは、広範囲の関係者が知るようになってきた。毎年、春と秋になると、待機児童問題は「保活」として取り上げられて、国政・地方政治の選挙では、どの候補者も「待機児童をゼロにする」という公約を連呼している。

そもそも、待機児童問題とは、どのような課題なのだろうか。約二〇年間の待機児童の変遷から見ていこう(表3－6)(図3－6)。

「待機児童」という用語が、登場してから久しい。前提として、国による待機児童という用語の定義は、実は、旧定義、新定義、新制度における定義と、繰り返し変化してきたということをおさえておいてほしい。当初は、認可保育園に入園する資格がありながら入れないケースを待機児童としていた(旧定義、一九九九年)。

その後、都道府県単独の補助事業などによる施設(都認証保育園など)に入園すれば、待機児童数から除かれるようになってきた(新定義、二〇〇二年)。つまり、待機児童としてカウントする対象を、定義を変更することで、狭くしてきたのである。新定義に変更されてから、見かけは待機児童数は減少した(定義を変えたのだから当然ともいえる)。しかし、ほどなく新定義においても待機児童数は増加していった。

二〇一五年の新制度導入により、待機児童数は大幅に減少する見込みであった。ところが逆に、二万三一六七(二〇一五年)から二万三五五三(二〇一六年)へと上昇に転じ、二〇一七年度は、二万六〇八一となっている。

さらに、注視してほしいのは、二〇一七年から一八年のことである。二万六〇八一(二〇一七年)から一万九八九五(二〇一八年)へと、六一八六の減少となったことが、公表されたことである(二〇一八年九月七日)。もちろん、待機児童が減少すること自体は、施策の前進面でもある。しかし、この数値には、すでに述べたように「保育所等数」として、認可保育園以外の施設を含んでいることを、かさねて指摘しておきたい。つまり、親たちが願う認可保育園の増設による待機児童の減少とはいえないのである。

この間の国・自治体の保育施策を見るかぎり、認可保育園への入園を求める親の需要を、正確に把握しないまま、推移してきたといえる。こうしたなかで、保護者の怒りが頂点に達してきているのが現状といえるのではないだろうか。

二〇一六年二月、「保育園落ちた 日本死ね!!!」のブログがきっかけとなり、保育園への待機児童問題は、かつてなく大きく取り上げられるようになった。ブログをめぐる話題が盛り上がるなかで、待機児童は、「ほんとうは、どのくらいいるのか」という声が高まり、「隠れ待機児童」の存在まで、クローズアップされるようになった。

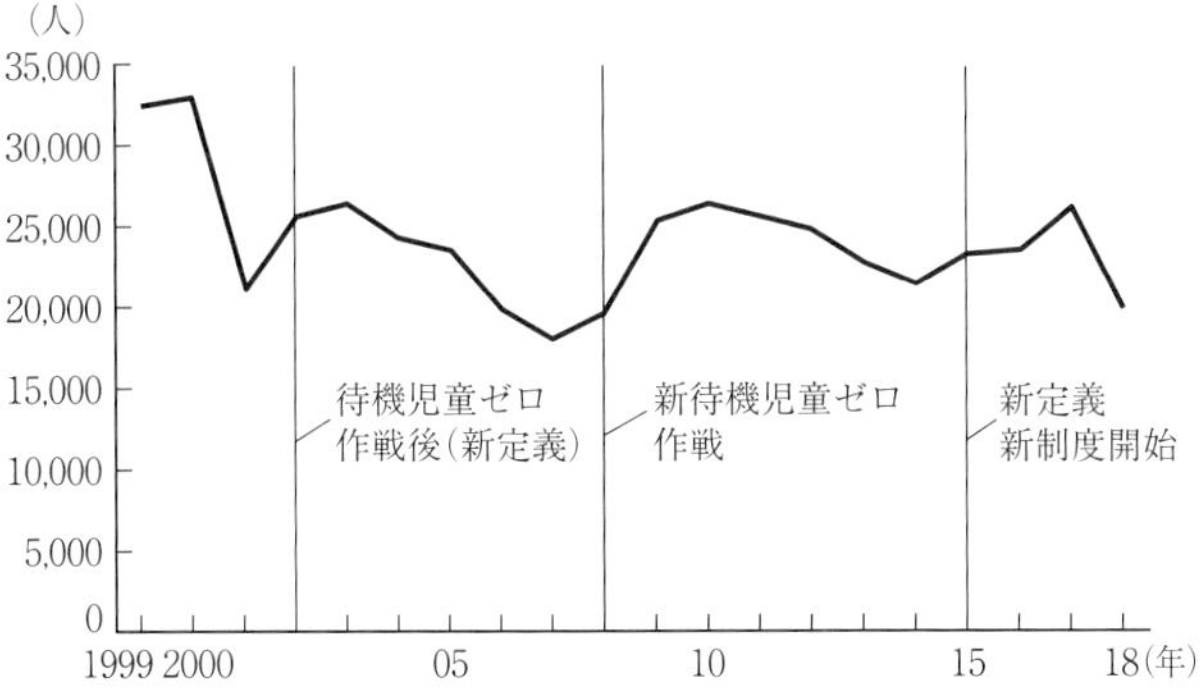

図 3-6　待機児童の推移(1999〜2018 年)

(厚生労働省「保育所関連状況取りまとめ」
各年 4 月 1 日の公表数値より作成)

表 3-6　待機児童の推移(1999〜2018 年)

	〔各年 4 月現在，　人〕 待機児童数(全国)	備　考
1999(年)	32,225	旧定義
2000	32,933	旧定義
2001	21,201	旧定義
2002	25,447	待機児童ゼロ作戦後(新定義)
2003	26,383	新定義
2004	24,245	新定義
2005	23,338	新定義
2006	19,794	新定義
2007	17,926	新定義
2008	19,550	新待機児童ゼロ作戦
2009	25,384	新定義
2010	26,275	新定義
2011	25,556	新定義
2012	24,825	新定義
2013	22,741	新定義
2014	21,371	新定義
2015	23,167	新定義
2016	23,553	新定義
2017	26,081	新定義
2018	19,895	保育所等数(保育所のほかに新制度による教育・保育施設を含む)

(厚生労働省「保育所関連状況取りまとめ」
各年 4 月 1 日の公表数値より作成)

その結果、厚生労働省が「隠れ待機児童数」を二〇一五年分から公表するようになっている。つまり、「育児休業中」「求職活動を休止中」「自治体が補助する認可外などを利用する」「特定の保育施設のみ希望する」などのケースは、これまで、待機児童数には含めてこなかったのだが、国として初めてこれらを含め「隠れ待機児童数」を明らかにしたのである。二〇一五年は六万二〇八人、一六年は六万七三五四人という数値が公表された。この隠れ待機児童数に従来の待機児童、二万三一六七人(二〇一五年四月)、二万三五五三人(一六年四月)を含めると、すでに八万人を超える状態となっている。

待機児童の定義の変遷を述べてきたが、特に保護者や自治体からも、定義の統一を求める声が高まり、厚生労働省でも検討会が設置された。二〇一七年度から、育児休業中については、職場に復帰する意思が確認できれば、待機児童に含めるという新たな定義が示された。

今後の課題としては、各自治体がどのように把握できるのかという問題がある。当初、国は二〇一七年度中に待機児童をゼロにするとしていたが、二〇年度まで先送りすることとしている。

第4章

子ども・親・保育者が大事にしたいこと

——規制緩和を考える

1　規制緩和策による対策でよいのか

保育園の職員配置基準の見直し

では、この待機児童を、国はどのように解消しようとしてきているのか。

二〇一六年三月、国は「待機児童解消緊急対策」（厚生労働省「待機児童解消に向けて緊急的に対応する施策」）を打ち出した。

主として、以下の五つの柱からなる。

Ⅰ　子ども・子育て支援新制度施行後の実態把握と緊急対策体制の強化
Ⅱ　規制の弾力化・人材確保等
Ⅲ　受け皿確保のための施設整備促進
Ⅳ　既存事業の拡充・強化
Ⅴ　企業主導型保育事業の積極的展開

これらの中には、「保活」の実態調査などもあるが、特に問題があるといえるのは、繰り返される規制緩和策と新たな「企業主導型保育事業の積極的展開」などである。

IIの「規制の弾力化」においては「人員配置基準、面積基準において、国の最低基準を上回る基準を設定している市区町村に対して、一人でも多くの児童の受入れを要請」とある。これは、どのようなことを意味しているのだろうか。

現在の保育園の職員配置基準から見てみよう。「児童福祉施設の設備及び運営に関する基準」により示されている国の職員基準は、以下の通りである（表4-1）。たとえば、一歳児・二歳児は、一人の保育者が六人まで保育をするという配置基準である。

一歳児期・二歳児期の保育とは、どのような内容が求められているのだろうか。

二〇一八年四月より施行されている「保育所保育指針」は、この時期の保育内容について、以下のように述べている（保育所保育指針については、本書第5章でふれるが、保育者が、保育をすすめる際のよりどころになる大事な指針である）。


歩き始めから、歩く、走る、跳ぶなどへと、基本的な運動能力が次第に発達し、排泄の自立のための身体的機能も整うようになる。つまむ、めくるなどの指先の機能も発達し、食事、衣類の着脱なども、保育士等の援助の下で自分で行うようになる。発声も明瞭になり、語彙も増加し、自分の意思や欲求を言葉で表出できるようになる。このように自分でできることが増えてくる時期であることから、保育士等は、子どもの生活の安定を図りながら、自分でしようとする気持ちを尊重し、温かく見守るとともに、愛情豊かに、応答的に関わることが必要である。

（「保育所保育指針」第2章　保育の内容2「一歳以上三歳未満児の保育に関わるねらい及び内容」より）

保育者には、こうした一歳児・二歳児の発達を踏まえ、きめ細かな保育をすることが求められている。一歳児・二歳児を保育する際の六対一という、現行の国の職員配置基準では、一人ひとりへのゆきとどいた保育をすることはできない。多くの自治体では、五対一や四対一などが可能となるよう補助財源を確保しているのが実情である。また、一歳児・二歳児を受けもつ保育者の多くも、国基準の六対一では、保育実践における困難さがあると、すでに声をあげてきている。また、「一クラスの適正な規模」があるべきで、一五人以下など、小規模な集団で保育することを求めている(全国私立保育園連盟、保育子育て総合研究機構、近藤ほか「一・二歳児保育の現状と課題」二〇一三年)。

つまり、こうした保育現場の実情があるにもかかわらず、国は待機児童対策として、保育園の基準のうち、職員配置基準をさらに引き下げる方向性を示したのである。従来の国の基準自体が低いから、各自治体が上乗せをし保育者を確保(加配保育士)し、国基準よりも多くの保育者を配置してきている実態があるのに、国基準レベルに「戻す」という方針なのである。

表4-1　保育者の職員配置基準(国基準)

	保育士の配置(園児：保育士)
乳　児	3：1
1歳児	6：1
2歳児	6：1
3歳児	20：1
4歳児・5歳児	30：1

(厚生労働省令「児童福祉施設の設備及び運営に関する基準」2017年8月より作成)

さらに、注視しておきたいのは、保育者の配置基準自体が、長期間にわたって改善されてこなかった歴史があることである。一歳児・二歳児の職員配置基準については、一九六七年より改善されていない。新制度の議論において、三歳児の配置基準を一五対一に改善する方向性が出されてきたものの、すべての保育所で具体化するまでには、至っていない(表4-2)。

こうした厳しい現状があるにもかかわらず、保育者の配置にかかわる新たな特例が提示されてきたのである。「朝

表 4-2　保育士の配置基準の改善についての経過

年	1948〜51	1952〜61	1962〜	1967〜	1968〜	1998〜	2015〜
乳児	10：1	10：1	9：1	6：1	6：1	3：1	3：1
1 歳児	10：1	10：1	9：1	6：1	6：1	6：1	6：1
2 歳児	10：1	10：1	9：1	6：1	6：1	6：1	6：1
3 歳児	30：1	30：1	30：1	30：1	(25：1)	20：1	(15：1)
4･5 歳児	30：1	30：1	30：1	30：1	30：1	30：1	30：1

(保育研究所『保育白書』2017 年版，2018 年版より作成)

夕など児童が少数となる時間帯における保育士配置に係る特例」である。

これまで、朝夕など、保育者は有資格者による複数配置が基本原則であった。ところが「二名のうち一名は、子育て支援員研修を修了した者」に代替することでよいという内容である。また、「幼稚園教諭及び小学校教諭等の活用に係る特例」として、「保育士と近接する職種である幼稚園教諭、小学校教諭、養護教諭を保育士に代えて活用可能とする」ことや「認可の際に最低基準上必要となる保育士数を上回って必要となる保育士数について、子育て支援員研修を修了した者等に代替可能とする」も示された(厚生労働省「保育所等における保育士配置に係る特例について(通知)」二〇一六年二月一八日)。

国家資格としての保育士資格をもつ意味が、待機児童対策のなかで、あいまいにされかねなくなってきていると考えられる。いったい、乳幼児期の保育における専門性は、どのようになっていくのだろうか。

保育園の定員の緩和──詰め込むことでよいのか

そして、保育園の定員の緩和策がある。これは、新制度以前より、待機児童対策として「定員の弾力化」として実施されてきた。たとえば、一〇〇人定員の保育園だが、定員を超えて入ってもよいという規制緩和策が、すでに進められてきた(「保育所への入所の円滑化について」)。

新制度における小規模保育事業においても、定員は一九人までだが、二二人まで拡大され、同時に入園対象児を三歳児まで可能とする内容である。〇～二歳までの異年齢の集団に三歳児も入園させる、いわば詰め込み状態をもたらす規制緩和策である。

さらに、二〇一七年九月、特区の場合、小規模保育事業の対象年齢を〇歳から五歳に拡大する措置がすすめられた(内閣府子ども・子育て本部、二〇一七年八月一四日)。これは、東京都から国へ出された国家戦略特区要望として、「小規模保育の入園年齢の拡大について」とするものである。小規模保育の入園対象年齢は原則〇～三歳だが、それを〇～五歳にするという内容である。要望する理由は、「三歳以降に通う連携施設の設定が難しいこと」「三歳以降の受け皿が十分確保できていない」ことがあげられている。

このように次々と出される定員超過策については、どう考えればよいのだろうか。

もともと、保育園の居室面積基準は「従うべき基準」として決まっている。〇歳・一歳の保育園では、一人あたり乳児室一・六五平方メートル、ほふく室三・三平方メートル、二歳以上の場合は、保育室一・九八平方メートル、遊戯室一・九八平方メートルとなっている。ほふく室とは、「はいはい」をして動きまわれるスペースのことである。現行の基準では、一人あたりわずか三・三平方メートル（二畳分）しかないということなのである（「児童福祉施設の設備及び運営に関する基準」）。

「保育園を考える親の会」（代表・普光院亜紀）では、保育室の面積基準の緩和について、「保育室がきゅうくつになれば、安全面はもちろん、子どもの生活の質（ＱＯＬ）や教育的な面での質も低下します。基準が下がってきゅうくつな施設がふえれば、保護者は気が進まなくてもそこに預けなくてはならず、子どもが最大の被害者になります。この流れには、国が良識をもって歯止めをかけていただく必要があります」との見解をだしている（同会のブログより、二〇一七年九月四日）。

保育室の基準面積については、すでに建築の専門家らによる調査研究事業の研究成果が明らかにされている（全国社会福祉協議会「機能面に着目した保育所の環境・空間に関する研究事業」調査研究委員会委員長・定行まり子、二〇〇九年）。貴重な研究成果のうち、研究の目的や調査内容の概略（面積基準等）のみ、紹介させていただく。

研究の目的については、以下のように示されている。

「これまでの最低基準の考え方、つまり、保育の設備を「乳児室」「ほふく室」等の部屋の面積等の構造基準から規定するだけではなく、乳幼児の発達と生活の営みと教育の場、保護者支援の場として保育所を捉え、そこで必要とされる保育所保育指針にもとづく保育を行うために最低限必要な施設設備基準等を明らかにすること」

研究内容としては、海外文献調査、全国の認可保育所、都内の認証保育所へのアンケート調査、現地視察・ヒアリング調査、現地観察調査などが行われた。このなかでは、「保育所の機能と空間・環境のガイドライン」「「保育における食寝分離」を実現する環境・空間について」などの詳細な検討がされている。

導き出された面積基準に関する内容のみを紹介しておくと、「二歳未満児の保育のために必要な単位空間について」は、「食事のための単位空間面積は約一・六八平方メートル」(一人あたり)、「午睡の単位空間面積は約二・四三平方メートル」(一人あたり)で、「二歳未満児に必要な面積基準は、四・一一平方メートル以上」(一人あたり)としている(ただし、この面積にはほふくやあそびのために必要な空間が含まれておらず、この面積に加算して考えることが必要である)。

また、「二歳以上児の保育のために必要な単位空間について」は、「食事のための単位空間面積は約一・〇三平方メートル」（一人あたり）、「午睡のための単位空間面積は約一・四〇平方メートル」（一人あたり）、「あそびのための単位空間面積は約一・九九平方メートル」（一人あたり）で、「二歳以上児に必要な面積基準は、二・四三平方メートル（一人あたり）以上とする。ただし、「食事」や「午睡」の専用室を設け、「あそび」の際に「食事」と「午睡」の空間を利用しない場合には、「あそび」の空間（一・九九平方メートル）とともに、必要な「食事」の空間（一・〇三平方メートル）または「午睡」の空間（一・四〇平方メートル）を確保することが必要である」としている。

研究により算定された最低限度の面積としては、二歳未満児は、一人あたり四・一一平方メートル、二歳以上児は、二・四三平方メートル、が示されているのである。最低限の面積に関して、東京都の基準、国基準、この研究を専門家による基準として整理して示しておく（表4-3）。

前出の「保育園を考える親の会」では、二〇一六年八月に「東京都知事への提言」として、以下のように述べている。

「現在の都基準は、地方分権一括法の時限措置により、平成三二年三月三一日までの間、二歳未満児二・五平方メートルに緩和されていますが、一刻も早く国基準の三・三平方メートルに、ゆくゆくは「旧都基準」の〇歳児五平方メートルまで高めることが、子どものために望まれます。なお国基準も一九九七年にゼロ歳児指定保育所制度が廃止されるまでは、〇歳児五平方メートルでした」

表 4-3　保育室の面積基準の現状

〔m²〕

	都基準	国基準	専門家
2 歳未満児の場合	2.5	3.3	4.11
2 歳以上児の場合	1.98	1.98	2.43

(東京都基準, 国基準, 専門家による基準を整理し作成)

保育現場とかけ離れた答申――「規制改革推進会議第二次答申」

「規制改革推進会議第二次答申」(二〇一七年一一月二九日)では、今後の政府の待機児童対策として、「今度こそ待機児童問題に終止符を打つために」「あらゆる関係者が総力を挙げて取り組むことが必要」だとして、まとめられている。その具体的な内容について見ていこう。

はじめに、規制改革項目として、より広範囲の協議会を設置するということである。

「関係者全員参加の下で協議するプラットフォームの都道府県による設置」をめざすという。「いまだ待機児童が解消されない市区町村が存在するということは、市区町村単独で解決に当たることに限界がある」から、都道府県が手を挙げた場合、国は「待機児童緊急対策地域」に指定し支援策を強化する。「保育に関わる情報の共有化」、「広域連携の促進」などとともに、「上乗せ基準の見直し」とあり、「協議会が設置され次第速やかに検討開始」することとされている。そして、この間の経緯にふれながら、国の定める人員配置基準や面積基準を上回る基準を設定している市区町村に対し、各地方自治体の判断に基づいて国の定める基準に見直し、一人でも多くの児童を保育園に入れるよう、次のように要請している。

「例えば都心部では、基準の上乗せをしている地方自治体に待機児童が多く見られる傾向があり、地方自治体が独自に設けている上乗せ基準が、待機児童数の増加をもたらす要因の一つになっているとの指摘もある」「したがって、上乗せ基準の設定が待機児童の偏在化を助長することのないよう、緊急対策地域は、協議会において関係市区町村等と協議し、保育利用者や学識経験者等、多様な視点から上乗せ基準を検証する」

「上乗せ基準を検証する」ということで、「国基準に戻す」ことが「待機児童の解消を目的とし今度こそ待機児童問題に終止符を」打つ方向性として示されている。そして同会議では、内閣府に対し、企業主導型保育の設置情報を市区町村に提供することなどを求めているのである。

先述したように、日本の最低基準は、国際的にも貧しすぎる状況にあり、各自治体の努力や保育関係者の運動のなかで、ようやくわずかに改善をかさねてきた経緯がある。規制改革会議の「上乗せ基準が待機児童の増加をもたらす」という認識は、保育現場の実情と、あまりにもかけ離れているといえるのではないだろうか。

2　急速にすすむ企業主導型保育

企業主導型保育は、新制度が実施されてから一年後、二〇一六年三月に導入された制度である。この内容について、おおまかに説明しておきたい。

同制度は、二〇一六年三月に子ども・子育て支援法の一部改正により創設されたものである。内閣府の説明によると、企業主導型の「事業所内保育事業を主軸として、多様な就労形態に対応する保育サービスの拡大」をめざすものとしている。事業主が自ら事業所内保育施設を設置する、保育事業実施者が設置した認可外保育施設を事業主が活用する場合、既存の事業所内保育施設の空き定員を事業主が活用するなどの類型がある。

また、企業主導型保育を利用できる対象には、従業員枠と地域枠がある。職員配置基準は、基本的には認可保育園と同じである。職員資格については、「保育従事者の半数以上は保育士資格を有している必要」があるとされている。すなわち保育士資格のない者が保育に従事してよいということである。

表 4-4　企業主導型保育事業の運営・設置基準

	企業主導型保育事業	認可外保育施設	新制度事業所内保育所（20 人以上）
職員	保育所の配置基準+1名以上，最低 2 人	0 歳児 3：1 1・2 歳児 6：1 3 歳児 20：1 4・5 歳児 30：1 最低 2 人	0 歳児 3：1 1・2 歳児 6：1 3 歳児 20：1 4・5 歳児 30：1 最低 2 人
資格	小規模保育事業と同様，保育士以外は研修	保育従事者 3 分の 1 以上保育士	保育士，保健師，看護師又は准看護師
設備・面積	原則，事業所内保育事業と同様 ＊認可外基準は遵守	保育室 $1.65m^2$／人	0・1 歳児 乳児室 $1.65m^2$／人 ほふく室 $3.3m^2$／人 2 歳児以上 保育室又は遊戯室 $1.98m^2$／人
給食	原則，小規模保育事業と同様	自園調理，調理室，調理員	自園調理，調理室，調理員

（内閣府 企業主導型保育のホームページより）

運営・設備基準については、職員、設備、面積などについて定められている（表4－4）。そして、助成金については、運営費は、新制度の「小規模保育事業などの公定価格と同水準」、整備費についても「認可保育所の施設整備と同水準」となっている。

二〇一七年度の企業主導型保育事業は、一五一一施設、定員三万五五〇八人分となっている（公益財団法人児童育成協議会、二〇一七年一〇月三一日現在）。

問題点として指摘しておきたいことは、新制度の事業所内保育では、定員二〇人以上は認可保育所の基準が適用されていて、保育士はすべて有資格者であった。しかし、基準が緩和され、五〇％でよいことになっている。また、市町村が関与せずに、国が直接認可する事業所内保育を主な内容としていることである。市町村単位の子ども・子育て会議では、企業主導型保育の実情を把握することは難しい。さらに、運営費や整備費に関する助成金については、企業主導型保育は、新制度の小規模保育事業の公定価格と同水準とされ、かなり高額である。

企業主導型保育は、今後も増加していく傾向にあるが、高額な助成金が動くなかで、保育の専門性がどうなるのか、注視すべきだといえる。当面、すでに開始されている保育施設では、子どもたちが安心できる保育の場とし、新指針に基づく保育をすすめてほしい。

3　幼児教育・保育の無償化と待機児童対策

政府は、二〇一七年一二月、二兆円規模の政策パッケージを閣議決定した。そこでは、「世界に胎動する「生産性革命」を牽引し、これを世界に先駆けて実現する」といい、「人づくり革命」は長期的な課題であるが、二〇二〇年度までの間に「これまでの制度や慣行にとらわれない新しい仕組みづくりに向けた基礎を築く。その財源は、二〇一九年一〇月に予定している消費税率の引き上げによる増収分であり、二〇二〇年度からは年間を通じた増収分を財源とすることが可能となる」(閣議決定、二〇一七年一二月八日)としている。

では、具体的にはどのような内容なのだろうか。

このうち、幼児教育の無償化の内容として示されている部分を、以下に引用する。

子育て世帯を応援し、社会保障を全世代型へ抜本的に変えるため、幼児教育の無償化を一気に加速する。広く国民が利用している三歳から五歳までの全ての子供たちの幼稚園、保育所、認定こども園の費用を無償化する。なお、子ども子育て支援新制度の対象とならない幼稚園については、公平性の観点から、同制度における利用者負担額を上限として無償化する。

幼稚園、保育所、認定こども園以外の無償化措置の対象範囲等については、専門家の声も反映する検討の場を設け、現場及び関係者の声に丁寧に耳を傾けつつ、保育の必要性及び公平性の観点から、来年夏〔筆者注：二〇一八年夏〕までに結論を出す。

〇歳～二歳が九割を占める待機児童について、三歳～五歳児を含めその解消が当面の最優先課題である。待機児童を解消するため、「子育て安心プラン」を前倒しし、二〇二〇年度までに三二万人分の保育の受け皿整備を着実に進め、一日も早く待機児童が解消されるよう取り組む。

〇～二歳の無償化については、「当面、住民税非課税世帯を対象に無償化をすすめ」「現在は、住民税非課税世帯の第二子以降が無償化されているところ、この範囲を全ての子供に拡大」するとしている。

この政策パッケージが示される前後から、各界から批判があることを意識してか、「幼児教育の無償化よりも待機児童の解消を優先すべきとの声がある。幼児教育の無償化は消費税率引上げによる増収にあわせて二〇一九年度から段階的に取組を進めていく」が、「「子育て安心プラン」は、二〇一八年度から早急に実施」「併せて、保育士の確保や他産業との賃金格差を踏まえた処遇改善に更に取り組むこととし、今年度の人事院勧告に伴う賃金引上げに加え、二〇一九年四月から更に一％(月三〇〇〇円相当)の賃金引上げを行う」としている。

この「新しい政策パッケージ」をどうみたらよいのか。

就学前の子どもの保育・幼児教育において、親の経済的負担を大幅に軽減すること自体は、保育・子育て支援策として、重要であり無償化をめざすべきだ。しかし、今回の無償化については、異議を唱えたい。ここでは、注意すべきいくつかの課題をみておきたい。

第一は、待機児童数の需要把握が正確であるのかどうかということである。政府は、二〇一八年度から二〇二二年度までの五年間に三二万人(女性就業率の八〇％)の保育の受け皿の整備を行うというが、民間研究機関の見通しと大きな開きが存在している(一つの研究例としては、野村総合研究所の指摘がある。必要な保育の受け皿整備量を算出すると、八八・六万人分必要としている)。そして、「無償化ならば」ということから、待機児童が激増する自治体も出てくるだろう。保護者の立場からは、たとえ無償化が実現しても、認可保育園に入れなければ、仕事自体の継続が不可能になってしまうのである。待機児童を解決するという、優先順位を間違えているところに、大きな問題があるのではないだろうか。

第二は、規制改革により、保育に関する諸基準の大幅な引下げが準備されていることである。保育の質の低下が、これだけ問題になっているなかで、「新しい政策パッケージ」は「都道府県が市区町村を越えた保育施設の利用を調整する法的仕組みを強化する等の待機児童解消に向けた制度改革を行う」としている。ここでいう「法的仕組み」とは、すなわち都道府県が主導して協議会を設置して、保育者の配置基準などの国基準への引き下げに応じない自治体に対して、上から圧力をかけようとしているということである。

規制緩和された保育施設が急速に増加していくものの、保育の質の向上とは反する「待機児童解消に向けた制度改革」だといえるのではないだろうか。

二〇一八年五月、無償化の全容が明らかになった。それによると、認可園(認可保育園、認定こども園)は、三～五歳は無料、〇～二歳は住民税非課税世帯のみ無料となっている。認可外園(ベビーホテル、幼稚園の預かり保育、ベビーシッター等)は、三～五歳は月三万七〇〇〇円を上限に補助、〇～二歳は月四万二〇〇〇円を上限に補助という内容である。

こうして無償化が進もうとしていることについて、共同通信が調査を実施している。全国八一の主要都市のうち、無償化に賛成は三六自治体(四四%)にとどまっている(二〇一八年八月)。

多くの自治体で、無償化により認可保育園に入れない待機児童が増加すると予想している。

さらに、二〇一八年六月には、国家戦略特区諮問(第二次安倍内閣が成長戦略の柱として設けた機関)において、特区限定だが「保育にあたる人の六割以上の保育士」という条件を満たした認可外保育園に国が運営費補助することを決定した。五年間以内に、認可保育園に移行することが前提とはいえ、大幅な規制緩和が具体化されようとしている。保育者の基準は、子どもの生命の安全を守る最低限のラインであり、それを外す方向性については、認められない。

4　園庭の確保はあたりまえではないか

これまで、制度的な課題についてふれてきた。それに加えて乳幼児期の子どもたちが過ごす具体的な環境についても、関心をもつ必要がある。保育園や幼稚園は、庭があるのは、あたりまえのように考えている読者もいると思うが、実際のところはどのような状況だろうか。

この課題について注目してきた前出の「保育園を考える親の会」では、園庭保育率の調査を実施しており次のように指摘する。「有効回答した九九市区の平均は七三・八%と昨年度の七六・四%からさらに減少した」「都心では三分の一以下という自治体がふえている」(『100都市保育力充実度チェック』二〇一八年)。

このほか東京都内での「保育施設の園庭の確保状況調査結果」(共産党東京都議会議員団、二〇一五年二月)があり、詳しい報告としてまとめられている。島しょを除く都内の区市町村すべてに対して認可保育園、認定こども園、認証保育所(A型)における園庭の確保状況(二〇一五年四月一日)を調査したものである。同党都議団は、次のように調査結果をまとめている。

「園庭がないか、広さが基準を満たさないため代替の公園を使わざるを得ない保育施設は二八二六施設中、一一五六施設」

「こうした施設の割合は認可保育園では、都内全体・二七・六%、区部三四・二%、多摩・一四・二%、認定こども園では都内全体三一・八%、区部三六・七%、多摩一六・七%となり、地価の高い区部において、園庭の確保が難しい状況が浮き彫りとなりました」

そもそも保育園には、園庭を設ける義務がなく、付近に代替地(公園など)があれば保育園の認可が下される。しかし、実際の問題としては、園庭の代替地である公園は、いくつもの保育施設が利用していることや入園前の親子や市民も憩う場であることなどから、調整することの難しさが各地で指摘されている。保育施設において、園庭を確保できるよう、具体的提案が求められているといえるだろう。

5　保育者の賃金・労働条件の改善——公的財政の拡充が必要

では、保育者たちのおかれた現状はどうなのだろうか。

現在、保育園等に勤務する保育者は、三七・八万人であるが(二〇一三年)、国は、二〇一七年度末までに、新たな確保策として約九万人増を目標としていた(厚生労働省「保育人材の確保に向けた総合的な対策等」)。

保育の量的拡大が急速にすすむが、保育者の不足が取り上げられている。なかには、保育者が集まらず、保育施設の開設に至らないところもある。政府が示した保育士不足対策にも大きな問題点があり、見てきたように保育士配置を必須としない規制緩和策が同時に明らかにされた。

保育者の低賃金・労働条件を改善する課題は、国レベルでも大きく取り上げざるをえなくなった。

厚生労働省のデータによれば、保育者の給与平均は、二二・九万円であり、全産業平均(三三・四万円)と比較すると約一一万円程度も低い(表4‐5)。国は、ようやく重い腰を上げ二〇一七年度から保育者の賃金を二%(月額約六〇〇〇円)引き上げるとともに、さらに追加的処遇改善策を示している。

現在の安倍政権も、保育の量的拡大のために保育者を確保することが不可欠であることから、いくつかの処遇改善策をすすめてきてはいる。二〇一三年以降、民間給与改善費の上乗せをすすめるとともに、一七年からは、副主任保育士等が、一定の研修受講により、五〇〇〇円から四万円の加算をする「キャリアアップ制度」が開始されている。

また、保育者の福利厚生補助として職員宿舎の借り上げ補助(月額八万二〇〇〇円)なども開始されている。こうした国の処遇改善策を受けながら、自治体による加算措置も開始されてきている。

しかしながら、保育・幼児教育の専門性を考慮する際、就学前児童にかかわる保育者(保育士・幼稚園教諭)と小学校教諭には、大きな格差が存在することも、注視しなければならないだろう。女性保育士の平均月給は、女性小学校教諭の六六・六%、男性保育士は男性小学校教諭の六六・二%となっている(『保育白書』二〇一八年)。

表4-5　保育士の賃金格差 〔千円〕

	賃金月額(基本給・諸手当・超過勤務)
全産業(女性)	263.6
全産業(男女)	333.8
保育士(女性)	228.2
保育士(男女)	229.9

(2017年度「賃金構造基本統計調査」(2018年2月28日公表)により作成)

「東京都保育士実態調査報告書」(二〇一四年三月)によれば、就労している保育者の約二割強には退職の意向がある。その理由の第一位が「給料が安い」(六五%)、第二位が「仕事量が多い」(五二%)、第三位は「労働時間が長い」(三七%)などとなっている。

新制度と待機児童問題の高まりのなかで、保育者の低賃金を改善するべきとする世論が急速に高まってきた。では、財源問題はどう考えればよいのか。新制度は、「社会保障と税の一体改革」としてスタートしてきた。保育士の確保や低賃金問題は、消費税率を一〇%に引き上げれば可能だという説明であった。ところが、消費税の引き上げ時期は、二〇一五年一〇月から一七年四月へ延期、さらに一九年一〇月へと再延期されたのである。消費増税まで、待たねばならないのか。

ここで、消費税率の引き上げを待たずに、新制度がスタートしたことに注目したい。当初の予算額は減らされたが、一般財源からの充当で改善部分も具体化されている。つまり、現行でも、賃金引上げや労働条件の改善は可能なのである。だからこそ、消費税増税を待たずに、保育を早急に拡充する財源問題を論じる必要性がある。

6　乳幼児保育施設における事故と保育の専門性

幼い生命を預かる保育施設において、死亡事故の報道が続いている。国は、毎年、事故報告をしており、これまでの保育施設等における死亡事故の報告件数についても明らかにしている。それによれば、二〇〇四年度から一七年度までの死亡事故の報告件数合計は、一九五件となっている。内訳は認可保育施設六四件、認可外保育施設一三一件である（内閣府子ども・子育て本部、二〇一八年五月二八日）。

そして、死亡や重篤な事故防止を目的として「教育・保育施設等における事故防止及び事故発生時の対応のためのガイドライン」（二〇一六年三月）において、保育施設関係者へ周知徹底をはかってきている。同ガイドライン及び新指針により、重大事故が発生しやすい場面ごとの注意事項の一部を紹介しておく。

＊睡眠中は、乳児の窒息リスクを除去するための注意事項として、「医学的な理由で医師からうつぶせ寝をすすめられている場合以外は、乳児の顔が見える仰向けに寝かせることが重要。

何よりも、一人にしないこと、寝かせ方に配慮を行うこと、安全な睡眠環境を整えることは、窒息や誤飲、けがなどの事故を未然に防ぐことにつながる。（中略）子どもの数、職員の数に合わせ、定期的に子どもの呼吸・体位、睡眠状態を点検すること等により、呼吸停止等の異常が発生した場合の早期発見、重大事故予防のための工夫をする等」が示されている。

＊プール活動・水遊び、食事中についても、注意事項を整理して示し、ガイドラインの周知徹底をするように求めている。

＊二〇一八年四月に施行された保育所保育指針では、次のように示されている。
「子どもの健康及び安全の確保は、子どもの生命の保持と健やかな生活の基本であり、一人一人の子どもの健康の保持及び増進並びに安全の確保とともに、保育所全体における健康及び安全の確保に努めることが重要となる。また、子どもが、自らの体や健康に関心をもち、心身の機能を高めていくことが大切である」とし、「1　子どもの健康支援」「2　食育の推進」「3　環境及び衛生管理並びに安全管理」「4　災害への備え」として、詳細な記述がされている。（「保育所保育指針」第3章　健康及び安全）

つまり、ここで問われているのは、第2章でふれた保育の専門性ということである。特に、一歳児の保育者の配置基準の改善の必要性についてふれておきたい。一歳児は歩行を完成し、周辺を動き回ることができ、活動が盛んになる。同時に、自我の芽生えがあらわれる時期といわれる。「一歳以上三歳未満児の保育に関わるねらい及び内容」について、基本的事項を示しておきたい。

この時期においては、歩き始めから、歩く、走る、跳ぶなどへと、基本的な運動機能が次第に発達し、排泄の自立のための身体的機能も整うようになる。つまむ、めくるなどの指先の機能も発達し、食事、衣類の着脱なども、保育士等の援助の下で自分で行うようになる。発声も明瞭になり、語彙も増加し、自分の意思や欲求を言葉で表出できるようになる。このように自分でできることが増えてくる時期であることから、保育士等は、子どもの生活の安定を図りながら、自分でしようとする気持ちを尊重し、温かく見守るとともに、愛情豊かに、応答的に関わることが必要である。

（「保育所保育指針」第2章　保育の内容2）

　こうしたなかで、一歳児保育の保育者の配置基準（国）は、六対一となっている現状を改めることが、死亡事故等の再発防止には、急務といえる。一歳児の活動的な姿に対して、応答的に保育をすすめることには、国基準では、限界がある。地方自治体において加配保育士を入れているところもあるが、国基準そのものを、急ぎ見直すことを求めたい。

第5章
保育所保育指針の改訂内容をどうとらえるか

第3章で見たように、現在、乳幼児が集団として過ごす場としては、保育園・幼稚園・認定こども園等がある。同時に、地域型保育事業としての小規模保育施設など、多様な保育形態も具体化されてきている。これらの保育諸施設における保育内容の基準は、どうあるべきなのだろうか。

基準となる文書として、保育園は「保育所保育指針」(厚生労働省)、幼稚園は「幼稚園教育要領」(文部科学省)、幼保連携型認定こども園は、「幼保連携型認定こども園教育・保育要領」(内閣府・文部科学省・厚生労働省)として示されている。いずれも、二〇一七年に同時に改訂・告示され、一八年四月に施行されている。本書では、保育園での保育所保育指針(以下、新指針)を中心として、新たに変更された内容のいくつかについてふれ、私の考え方を提起していきたい。(以下、改訂後の保育所保育指針を「新指針」、改訂後の幼稚園教育要領を「新要領」、幼保連携型認定こども園教育・保育要領を「新こども園要領」とする。)

表 5-1　新指針の全体の構成

第 1 章　総則	保育所保育に関する基本原則，養護に関する基本的事項，保育の計画及び評価，幼児教育を行う施設として共有すべき事項
第 2 章　保育の内容	乳児保育に関わるねらい及び内容，1 歳以上 3 歳未満児の保育に関わるねらい及び内容，3 歳以上児の保育に関するねらい及び内容，保育の実施に関して留意すべき事項
第 3 章　健康及び安全	子どもの健康支援，食育の推進，環境及び衛生管理並びに安全管理，災害への備え
第 4 章　子育て支援	保育所における子育て支援に関する基本的事項，保育所を利用している保護者に対する子育て支援，地域の保護者等に対する子育て支援
第 5 章　職員の資質向上	職員の資質向上に関する基本的事項，施設長の責務，職員の研修等，研修の実施体制等

1　新指針の検討経過と全体の構成

新指針の作成をめざして、二〇一五年一二月、社会保障審議会児童部会保育専門委員会が設置され議論が開始された。一六年八月の中間まとめを経て、一六年一二月「保育所保育指針の改定に関する議論のまとめ」まで、一〇回の検討会が実施されてきた。一七年二月中旬には、保育所保育指針案が示され、約一か月、パブリックコメントが集められた。パブリックコメントには、二七七二件というかなり多数の意見が出されたが、二〇一七年三月、新指針は原案通り告示された。一七年四月から一八年三月までが、新指針を周知する期間として、全国各地で研修会などが開催されてきた。また、一七年七月には、全国数か所において、中央説明会が開催され、解説書の内容が示された。厚生労働省による正式な解説書が発行されたのは、一八年二月である(本書では二〇一八年三月二三日発行の『保育所保育指針解説』を用いている)。そして、一八年四月から、新指針はスタートしている。

新指針の全体の構成は、表5-1のように、第1章から第5章になっている。

2　保育現場の実情から新指針を自由に議論する——私の基本的立場

二〇一七年三月に新指針が告示される前後から、保育者向けの研修会で講演する機会が増えた。新指針をどのように受けとめるのか、保育関係者の間には、さまざまな疑問や戸惑いがあることを痛感してきた。要因としては、改訂された内容が多いことや、解説書の刊行が大幅に遅れたことなどもあるだろう。また、保育現場の実情として、新指針に十分に目を通すこと自体にも、時間的な困難があるといえる。それでも、保育現場の関係者が、保育者としての生きがいを追究しながら、積極的な意欲をもち、新指針を学ぼうとする努力をかさねてきていることには心を打たれる。

二〇一八年四月、同年三月までの周知期間を終えて、新指針が施行された。私としては、現時点において、新指針への受けとめ方を、次のように考えている。

はじめに、各園では、これを機に保育の理念や目標を再確認してほしい。まず、保育の基本に立ち返り、自分たちのすすめてきている保育に確信をもってほしいと思う。これまで、どのような保育を大事に考え、実践をしてきたのかを振り返ることに力を入れてほしい。

今後の各園での保育を、どのように充実・発展させていきたいのか、よりよい方向へ改善することが求められている。

いま、新指針を手元に引き寄せて、保育現場の現状や課題に照らし自由に議論していくこと、疑問点があれば出し合うこと、率直な批判もしていくこと、次の改訂へ向けて提案したいことを整理することなどが、もっとも肝心なことではないだろうか。

本章では、研修会などで関心の高かった課題の中から、「全体的な計画（保育課程）」「乳児保育の重視」「保・幼・小の連携・接続」「道徳性・規範意識の芽生え」「国旗・国歌の記載」などにしぼって、改訂された内容を示しながら、私の考え方を述べていきたい。

全体的な計画（保育課程）――園の目標・理念・方針

全体的な計画（保育課程）は、保育園の全体像を示しており、各園において築かれてきている園の目標・理念・方針などを意味している。ここに表現されていることが、園における子ども観・保育観を土台にした内容だと考えられるだろう。その際、第2章でふれた子どもの権利条約への理解が土台になる。

園の目標・理念・方針などの表現(ことば)には、各園が誕生し歴史をかさねてきたことを踏まえ、地域社会における保育のなかで一番大事にしたい内容がこめられている。今回の改訂により、「保育課程」ということばがなくなったのは残念ではある。経過としては、保育園、幼稚園、認定こども園を「幼児教育を行う施設」として共通に位置づけ、幼保連携型認定こども園に示されていた「全体的な計画」に統一された。しかし、前回の改訂において、各保育園が自分たちで創り出した保育課程の内容は、今でも生きていると考えている。新指針に変わったからといって、園の大事な方針が変わるとしたら、どうであろうか。今後も「保育課程」の内容は発展させていくべきことではないだろうか。私は、次回の改訂では、「保育課程」ということばを復活させてほしいという意見をもっている。各園が保育課程の内容として表現してきた自分たちで創りあげたことば(保育課程の具体的内容)を再確認してほしい。それをさらに発展させていくことが、いま、求められているのだと思う。表現は保育課程から全体的な計画に変わったが、各園ではより包括的な内容になるよう創意工夫してほしい。

自分たちで創りあげた園の目標・理念・方針こそが、各園における保育のよりどころの最上位にあることは、新指針後も変わらないはずだと考えている。

乳児保育――新指針の学びと諸条件の改善

新指針を手元に引き寄せて、園の目標・理念・方針を確かめ、練り上げながら、保育現場の課題を見つめていく際、乳児保育の充実を検討することがスタートだといえる。

乳児保育について、新指針では「健やかに伸び伸びと育つ」「身近な人と気持ちが通じ合う」「身近なものと関わり感性が育つ」という新たに三つの「ねらい及び内容」を示している。ここから、保育の内容を積極的に検討していくことが可能となる。

まず、乳児が「健やかに伸び伸びと育つ」とは、どのようなことだろうか。

何よりも、身心の発達として、発達の順序性や方向性をもち育っていく姿を大事にしたい。ねがえり、はう、おすわり、つかまり立ち、つたえ歩き、歩行の開始など、この時期の成長・発達はめざましい。体の発育にとって食生活の果たす役割も大切である。段階を経て、離乳食から幼児食への移行がすすめられていく。アレルギー等への適切な対応も必要となる。

「身近な人と気持ちが通じ合う」とは、どのような内容を示しているのだろうか。何よりも乳児と保育者との信頼関係が必要である。また一歳前のある時期に人見知りなどが見られる。日常の生活において、人見知りには個人差があるが、身近にいて手をかけてくれている大人（親や保育者）と、そうではない人とを区別できるようになってきた大切な意義があるといえる。保育者と子どもとの関係では、安心できる信頼関係が形成されていき、人への信頼感が育まれるわけである。

次に、「身近なものと関わり感性が育つ」とは、どのような保育を考えればよいだろうか。〇歳児のある時期、身近にあるものを、何でも手にして、口にもっていくことがよく見られる。周りの事物を、見て、さわって、口に入れたりして確かめていくのである。そんなとき、ボタン電池が床に落ちていたら危険である。細い充電コードなども要注意だろう。この時期においては、細やかな気づかいがほしい。それだけではなく絵本や積み木、ブロックなどの玩具類も、よく工夫しながら保育環境を整えたいものである。

このように、新たに示された三つのねらい及び内容は、乳児期の保育の内容や保育の環境をより充実させるために、大事な視点だといえるだろう。

いっぽう、新指針に基づき、乳児保育の現状を見つめていくと、改善すべき課題が少なくないことがわかる。第4章でふれてきた諸基準の改善などである。国基準自体が改善されないままに、保育内容の質的向上をめざすことは、困難な面が大きいといえる。専門職の配置（看護師・栄養士ほか）についても課題が多い。アレルギー対応や感染症のことなど、保育現場では、保育者の負担が大きくなっている。新指針では、「看護師や栄養士等が配置されている場合には、その専門性を生かした対応を図ること」（「新指針」第3章）という消極的な記述になっている。どこの園でも、看護師や栄養士が配置されている現状ではない。

新指針では、乳児保育について、きめ細かい記述がなされているが、乳児保育の内容を改善するためには、職員配置基準の見直しなども不可欠だといえる。乳児を預かる保育自体には歩みがあるが、現行の職員配置基準でさえ不十分である。さらなる基準緩和がされようとしている意味や内容を、もう一度、確かめてほしい。つまり、新指針により乳児保育を充実させるには、基準緩和策には反対する立場を明確にする必要がある。

各園では、新指針を手元に引き寄せながら、乳児保育の保育内容の改善に着手してほしい。同時に、新指針の内容の具体化にとって不可欠な保育環境の諸条件（人員配置、環境など）を抜本的に改善していくために、国・自治体に強く働きかけていくことが必要になる。

小学校との接続強化の影響――「幼児期の終わりまでに育ってほしい姿」

新指針では、大きな改訂内容の一つとして、「幼児期の終わりまでに育ってほしい姿」を新たに示しており、それによって就学前保育と小学校との接続・連携の課題として、議論がされてきている。

私は、保育園や幼稚園から小学校への就学の基本的視点は、これまでの指針・要領でも明記されてきた以下のような内容だと認識している。それは、「子どもは、保育所から小学校に移行していく中で、突然違った存在になるわけではない。発達や学びは連続しており、保育所から小学校への移行を円滑にする必要がある。しかし、それは、小学校教育の先取りをすることではなく、就学前までの幼児期にふさわしい保育を行うことが最も肝心なことである。つまり、子どもが遊び、生活が充実し、発展することを援助していくことである」(『保育所保育指針解説』)。

子どもたちが保育園生活を終えて卒園し、小学校へ就学しても、就学の前と後で発達や学び、遊びや生活は連続しているということである。同時に、だからといって、幼児期の保育内容は、小学校教育を先取りするものではなく、遊びを中心にすすめることが重要であることは、保育実践現場では、基本的視点として、確かめられてきたと思う。

ところが、今回の改訂では、「幼児期の終わりまでに育ってほしい姿」として一〇項目が示された（①健康な心と体、②自立心、③協同性、④道徳性・規範意識の芽生え、⑤社会生活との関わり、⑥思考力の芽生え、⑦自然との関わり・生命尊重、⑧数量や図形、標識や文字などへの関心・感覚、⑨言葉による伝え合い、⑩豊かな感性と表現）。

長くなるが、以下に「幼児教育の終わりまでに育ってほしい姿」の内容を、紹介しておく。

（資料）「幼児期の終わりまでに育ってほしい姿」として示されている10項目

1．健康な心と体　保育所の生活の中で、充実感をもって自分のやりたいことに向かって心と体を十分に働かせ、見通しをもって行動し、自ら健康で安全な生活をつくり出すようになる。

2．自立心　身近な環境に主体的に関わり様々な活動を楽しむ中で、しなければならないことを自覚し、自分の力で行うために考えたり、工夫したりしながら、諦めずにやり遂げることで達成感を味わい、自信をもって行動するようになる。

3．協同性　友達と関わる中で、互いの思いや考えなどを共有し、共通の目的の実現に向けて、考えたり、工夫したり、協力したりし、充実感をもってやり遂げるようになる。

4．道徳性・規範意識の芽生え　友達と様々な体験を重ねる中で、してよいことや悪いことが分かり、自分の行動を振り返ったり、友達の気持ちに共感したりし、相手の立場に立って行動するようになる。また、きまりを守る必要性が分かり、自分の気持ちを調整し、友達と折り合いを付けながら、きまりをつくったり、守ったりするようになる。

5．**社会生活との関わり**　家族を大切にしようとする気持ちをもつとともに、地域の身近な人と触れ合う中で、人との様々な関わり方に気付き、相手の気持ちを考えて関わり、自分が役に立つ喜びを感じ、地域に親しみをもつようになる。また、保育所内外の様々な環境に関わる中で、遊びや生活に必要な情報を取り入れ、情報に基づき判断したり、情報を伝え合ったり、活用したりするなど、情報を役立てながら活動するようになるとともに、公共の施設を大切に利用するなどして、社会とのつながりなどを意識するようになる。

6．**思考力の芽生え**　身近な事象に積極的に関わる中で、物の性質や仕組みなどを感じ取ったり、気付いたりし、考えたり、予想したり、工夫したりするなど、多様な関わりを楽しむようになる。また、友達の様々な考えに触れる中で、自分と異なる考えがあることに気付き、自ら判断したり、考え直したりするなど、新しい考えを生み出す喜びを味わいながら、自分の考えをよりよいものにするようになる。

7．**自然との関わり・生命尊重**　自然に触れて感動する体験を通して、自然の変化などを感じ取り、好奇心や探究心をもって考え言葉などで表現しながら、身近な事象への関心が高まるとともに、自然への愛情や畏敬の念をもつようになる。また、身近な動植物に心を動かされる中で、生命の不思議さや尊さに気付き、身近な動植物への接し方を考え、命あるものとしていたわり、大切にする気持ちをもって関わるようになる。

8．数量や図形、標識や文字などへの関心・感覚　遊びや生活の中で、数量や図形、標識や文字などに親しむ体験を重ねたり、標識や文字の役割に気付いたりし、自らの必要感に基づきこれらを活用し、興味や関心、感覚をもつようになる。

9．言葉による伝え合い　保育士等や友達と心を通わせる中で、絵本や物語などに親しみながら、豊かな言葉や表現を身に付け、経験したことや考えたことなどを言葉で伝えたり、相手の話を注意して聞いたりし、言葉による伝え合いを楽しむようになる。

10．豊かな感性と表現　心を動かす出来事などに触れ感性を働かせる中で、様々な素材の特徴や表現の仕方などに気付き、感じたことや考えたことを自分で表現したり、友達同士で表現する過程を楽しんだりし、表現する喜びを味わい、意欲をもつようになる。

（「新指針」第１章　総則４「幼児教育を行う施設として共有すべき事項」（２）より、番号は筆者による）

これらの一〇項目は、新指針・新要領・新こども園要領とともに、同一の表現になっている。そして、「幼児期の終わりまでに育ってほしい姿」への基本的位置づけとしては、解説書では、次のように説明されている。

「幼児期の終わりまでに育ってほしい姿」は、第2章に示すねらい及び内容に基づいて、各保育所で、乳幼児期にふさわしい生活や遊びを積み重ねることにより、保育所保育において育みたい資質・能力が育まれている子どもの具体的な姿であり、特に卒園を迎える年度の後半に見られるようになる姿である。なお、ここでいう卒園を迎える年度とは、小学校就学の始期に達する直前の年度を指すものである。

保育所の保育士等は、遊びの中で子どもが発達していく姿を、「幼児期の終わりまでに育ってほしい姿」を念頭に置いて捉え、一人一人の発達に必要な体験が得られるような状況をつくったり必要な援助を行ったりするなど、指導を行う際に考慮することが求められる。

実際の指導では、「幼児期の終わりまでに育ってほしい姿」が到達すべき目標ではないことや、個別に取り出されて指導されるものではないことに十分留意する必要がある。もとより、保育所保育は環境を通して行うものであり、とりわけ子どもの自発的な活動としての遊びを通して、一人一人の発達の特性に応じて、これらの姿が育っていくものであり、全ての子どもに同じように見られるものではないことに留意する必要がある。また、「幼児期の終わりまでに育ってほしい姿」は卒園を迎える年度の子どもに突然見られるようになるものではないため、卒園を迎える年度の子どもだけでなく、その前の時期から、子どもが発達していく方向を意識して、それぞれの時期にふさわしい指導を積み重ねていくことに留意する必要がある。

さらに、小学校の教師と「幼児期の終わりまでに育ってほしい姿」を手がかりに子どもの姿を共有するなど、保育所保育と小学校教育の円滑な接続を図ることが大切である。その際、「幼児期の終わりまでに育ってほしい姿」は保育所の保育士等が適切に関わることで、特に保育所の生活の中で見られるようになる子どもの姿であることに留意が必要である。保育所と小学校では子どもの生活や教育の方法が異なっているため、「幼児期の終わりまでに育ってほしい姿」からイメージする子どもの姿にも違いが生じることがあるが、保育士等と小学校教師が話し合いながら、子どもの姿を共有できるようにすることが大切である。

「幼児期の終わりまでに育ってほしい姿」は、保育所保育を通した子どもの成長を保育所保育関係者以外にも、分かりやすく伝えることにも資するものであり、各保育所での工夫が期待される。

（『保育所保育指針解説』破線は筆者による）

こうした姿とその位置づけを見るとき、結果として、「接続」の強化が「小学校教育の先取り」になる危惧はないのだろうか。たしかに、引用した解説書の内容には、「幼児期の終わりまでに育ってほしい姿」は「到達すべき目標ではないことや個別に取り出されて指導するものではないことに十分留意する」とある。また、「卒園を迎える年度の子どもだけでなく、その前の時期から子どもが発達していく方向を意識」することも示されている。

だが、たとえば、五歳児保育の保育内容を、「幼児期の終わりまでに育ってほしい姿」に照らしながら検討する作業をかさねることで、結果的に、チェック項目のようにとらえてしまうことにならないだろうか。「幼児期の終わりまでに育ってほしい姿」に、保育の内容をあてはめる作業などに、力を投入することになってしまうのではないだろうか。また「発達していく方向」を意識することは大事な面がある。しかし「三歳からの姿」「四歳からの姿」などと目標が細分化されて示される事例もあることをどのように考えればよいだろうか。

新指針における「幼児期の終わりまでに育ってほしい姿」をどのように受けとめていくのか。私は、各保育者(園)としての、保育に責任をもつ自主的な判断があってよいと考えている。新指針が開始されている現時点では、「幼児期の終わりまでに育ってほしい姿」を手元に引き寄せながら、保育現場の実情と関連させて、率直かつ自由な議論をかさねることが大事なのではないだろうか。改訂内容をそのまま盛り込み具体化すればよいという受身的立場ではなく、保育現場の側から、「わが園では○歳児から五歳児までに、こんな力がついてきた」「園として育てたい姿を整理していく」という積極的な提案や議論こそが、大事なのではないだろうか。そうした議論をするなかから、就学にあたり、子どもたち自身の「なりたい姿」を見出したり、保育実践の中からより多様性のある姿を、確かめることができるのではないだろうか。

「幼児期の終わりまでに育ってほしい姿」の内容自体が、全国どこの保育園でも表現されるべき事項として、求められる可能性もある。しかし、各園の保育において、就学を迎える頃に大事にしたい子どもの姿は、これまでも確かめられ、保育課程の内容としても、表現されてきている。卒園に向けた取り組みや、卒園式での、一人ひとりの子どもたちの姿に、表現されてきていることである。このことは、各園において、保育を積みかさねてきた中で、整理してきた自分たちのことば（表現）であるだろう。

それに代わる内容として、「幼児期の終わりまでに育ってほしい姿」の表現を、そのまま盛り込むべきことのみが求められるとしたら、保育内容の押しつけにつながる可能性もある。そうした関係性ではなく、保育園での保育をどのように積みかさねてきたのかという確認が大事になるといえる。

小学校との関係についても、これまで以上に創意工夫と努力が求められていく。小学校が上位で保育園側が下という認識ではなく、対等な関係性のあり方を求めて、保育園と小学校との協議の場を設けるなど、保育園側からの働きかけをすすめてほしい。乳児期から園児の保育をかさねてきて、どのような力をつけて就学していくのか、保育園側は、むしろ自信をもって、問題提起をしていく積極的姿勢が必要になると思う。

就学前施設(保育園、幼稚園、こども園等)が少ない地域などでは、小学校との協議に時間を費やしているところもある。なかには、小学校教諭が保育園の保育を体験することを通して、相互理解をすすめている地域もある。また、園児に発達上の課題がある場合や家庭環境等に困難な課題をかかえるケースもある。こうした際には、専門諸機関との連携を図りながら、きめ細かに取り組む必要がある。

残念なことだが、小学校側が「幼児期の終わりまでに育ってほしい姿」を、就学時のチェック項目のようにとらえて、保育園側に「○○をしてほしい」「○○分間で食べさせてほしい」など、細かいスキルを求める内容(冊子)が用意されている事例もある。

小学校との連携には、さまざまな課題があることがわかるが、基本的な考え方として、新指針における以下の「保育の目標」を確認し、取り組みをすすめたい。

「保育所は、子どもが生涯にわたる人間形成にとって極めて重要な時期に、その生活時間の大半を過ごす場である。このため、保育所の保育は、子どもが現在を最も良き、望ましい未来をつくり出す力の基礎を培うために、次の目標を目指して行わなければならない」(「新指針」第1章　総則1)

保育園における保育は、小学校への準備教育ではないのである。就学前と就学後にかかわる保育・幼児教育・初等教育関係者の、粘り強い連携を追究することが、求められているのではないだろうか。特に就学前の側からの積極的な働きかけが大事だといえる。乳幼児期の生き生きとした姿を、保育園の側から小学校へ伝えていきたい。

道徳性・規範意識の芽生えをめぐって

ここではとくに「幼児期の終わりまでに育ってほしい姿」の一項目である「道徳性・規範意識の芽生え」について取り上げておきたい。「道徳性・規範意識の芽生え」は、次のように説明されている。

「友達と様々な体験を重ねる中で、してよいことや悪いことが分かり、自分の行動を振り返ったり、友達の気持ちに共感したりし、相手の立場に立って行動するようになる。また、きまりを守る必要性が分かり、自分の気持ちを調整し、友達と折り合いを付けながら、きまりをつくったり、守ったりするようになる」

「してよいことや悪いことが分かり」、「相手の立場に立って行動するようになる」とある。もちろん保育において、子ども自身がそうした姿をめざすことには大事な面がある。問題はどのようにしてこうした成長する姿がみられるようになるのかということだろう。

しかし、新指針の記述では保育者が「してよいことや悪いこと」を教えるべきであるようにも読み取れる。大人がつくる規範に、無条件に従うことを求めるような保育になることは、避けるべきではないだろうか。

「きまりを守る必要性が分かり、自分の気持ちを調整」することや「友達と折り合いを付けながら、きまりをつくったり、守ったりするようになる」とあるが、保育園での子どもたちを見ていると、トラブル、激しい口論、けんかなどの経験をかさねる中で、「きまりを守る必要性」がわかるようになっていく。「きまりをつくったり、守ったりする」ことは、その理由(根拠)をつかんでいく保育の中で、さまざまな遊びや経験を通して、可能になる姿なのではないだろうか。

新指針では、「けんか」や「批判する力」などの文言が、ほとんど見られなくなったのではなぜだろうか。改訂前の「保育所保育指針」（厚生労働省、二〇〇八年）では、以下のような記述がされていた。

——おおむね四歳　仲間とのつながりが強くなる中で、けんかも増えてくる。その一方で、決まりの大切さに気付き、守ろうとするようになる。感情が豊かになり、身近な人の気持ちを察し、少しずつ自分の気持ちを抑えられたり、我慢ができるようになってくる。

——おおむね五歳　遊びを発展させ、楽しむために、自分たちで決まりを作ったりする。また、自分なりに考えて判断したり、批判する力が生まれ、けんかを自分たちで解決しようとするなど、お互いに相手を許したり、異なる思いや考えを認めたりといった社会生活に必要な基本的な力を身に付けていく。他人の役に立つことを嬉しく感じたりして、仲間の中の一人としての自覚が生まれる。

——おおむね六歳　これまでの体験から、自信や、予想や見通しを立てる力が育ち、心身ともに力があふれ、意欲が旺盛になる。仲間の意思を大切にしようとし、役割の分担が生まれるような協同遊びやごっこ遊びを行い、満足するまで取り組もうとする。様々な知識や経験を生かし、創意工夫を重ね、遊びを発展させる。思考力や認識力も高まり、自然事象や社会事象、文字などへの興味や関心も深まっていく。身近な大人に甘え、気持ちを休めることもあるが、様々な経験を通して自立心が一層高まっていく。

右記のように、改訂前の「保育所保育指針」では、四歳から六歳にかけての幼児期の発達の特徴として、おおまかな様子が整理されていた。つまり、この時期における道徳や規範などについては、子どもたちは、遊びや経験を通して、ときには、激しい言い合いやけんか、トラブルをかさねながら、身につけていくことが示されていた。このプロセスは実際、保育の現場でよくみられる。

保育においては、本来、「なぜだろう」「どうしてだろう」と思考するプロセスこそが大事にされるべきではないだろうか。

幼児が、他者の立場を考えようとする場面を、私の経験から紹介してみたい。

保育園でウサギを飼育していた。子どもたちは、当番を決めてエサやりなどをする。

夏のある日、ウサギ小屋が、糞の山になってしまったことがあった。そんなとき、当番は、はじめのうち「くさいからいやだなあ」などという。しかし、話し合いをかさねていくなかで、ウサギのことも思い「くさいけれど」、「げんきにすごしてほしい」と考えるようになる。やがて、小屋の掃除をするようになっていく。掃除をする当番であることに、自信や誇りをもつようにもなる。

以上は、五歳児に見られる姿である。この頃になると、自分や他人(他者)のことを、考えることができるように成長していく。

年齢や発達に応じて「なぜ」「どうして」と問うこと、日常の保育を通して学んでいくことを、幼児期の保育の基本的考え方としたい。けんかやトラブルも少なくないが、激しいぶつかり合いや自己主張などを経て、仲間と育ち合う姿がある。集団の中で育ち合うダイナミックな保育こそが、求められているのではないだろうか。

今後の保育の自由な展開にあたり、キーワードの一つに、「なぜ」「どうして」と「自ら考える子ども」という視点を提起したい。

新指針にはじめて記載された「国旗・国歌」

今回の新指針において、はじめて国旗・国歌が、以下のように記載された。本書では、記載された事実経過を伝えることを基本とし、率直かつ自由な議論を呼びかけたい。

国旗については、「保育所内外の行事において国旗に親しむ」（「新指針」第2章　保育の内容3「環境」（イ）内容⑫）と記載されている。

国歌については、「文化や伝統に親しむ際には、正月や節句など我が国の伝統的な行事、国歌、唱歌、わらべうたや我が国の伝統的な遊びに親しんだり、異なる文化に触れる活動に親しんだりすることを通じて、社会とのつながりの意識や国際理解の意識の芽生えなどが養われるようにすること」と記載されている。（「新指針」第2章　保育の内容3「環境」（ウ）内容の取扱い④）

新指針案が、二〇一七年二月に提示され、パブリックコメントが募集された際（二〇一七年二月一四日〜三月三一日）、国旗・国歌の記載についても、多くの意見が出されていた。前述のように、寄せられたパブリックコメントの全体数は、二七七二件であったとされている。

その概要が、厚生労働省により、次のように、簡単にまとめられていた（パブリックコメント件数の内訳に関する説明はみられない）。

御意見等の要旨……国旗・国歌に「親しむ」という記載に賛成。グローバル化が進む中で、将来を担う子どもたちが国際的な感覚を身につけるためには、まず日本の国旗や国歌をはじめ、様々な伝統や文化に触れることが第一歩だと思う。

御意見等の要旨……国旗・国歌について「親しむ」という記載があるが、押しつけにならないようにしてほしい。例えば、外国籍の子が多く、国際色豊かな園も多いため、国旗は日本国旗だけではなく、世界中の国旗のことを学ばせるべきだと思う。

御意見等の要旨……国旗・国歌に「親しむ」という記載は削除してほしい。

御意見等に対する考え方……「第2章　保育の内容」「3　三歳以上児の保育に関するねらい及び内容」中の「保育所内外の行事において国旗に親しむ。」「文化や伝統に親しむ際には、正月や節句など我が国の伝統的な行事、国歌、唱歌、わらべうたや我が国の伝統的な遊びに親しんだり、異なる文化に触れる活動に親しんだりすることを通じて、社会とのつながりの意識や国際理解の意識の芽生えなどが養われるようにすること。」について、様々な御意見をいただきました。今般の保育所保育指針の改定においては、小学校教育との円滑な接続を図る観点から、三歳以上児の教育内容については、保育所、幼稚園、認定こども園を通じて、同様の内容とする改定を行っています。国旗・国歌の「押しつけ」を懸念する御意見がありましたが、保育の現場において、絵本などの教材を活用しながら各保育所の創意工夫のもと、「親しむ」の趣旨に鑑みた保育が提供されるよう、解説書などで丁寧に周知していきます。

（厚生労働省雇用均等・児童家庭局保育課、二〇一七年三月三一日より）

では、実際には、どのように解説されることになったのだろうか。以下は、『保育所保育指針解説』からの引用である。まずは、「国旗に親しむ」ことについての解説を引用する。

幼児期においては、保育所や地域の行事などに参加したりする中で、日本の国旗に接し、自然に親しみをもつようにし、将来の国民としての情操や意識の芽生えを培うことが大切である。保育所においては、国旗が掲揚されている運動会に参加したり、自分で国旗を作ったりして、日常生活の中で国旗に接するいろいろな機会をもたせることにより、自然に日本の国旗に親しみを感じるようにさせることが大切である。

また、そのようなことから、国際理解の芽生えを培うことも大切である。

次に、「国歌に親しむ」ことについて、解説書から引用する。

子どもは、地域の人々とのつながりを深め、身近な文化や伝統に親しむ中で、自分を取り巻く生活の有り様に気付き、社会とのつながりの意識や国際理解の意識が芽生えていく。

このため、生活の中で、子どもが正月の餅つきや七夕の飾り付けなど四季折々に行われる我が国の伝統的な行事に参加したり、国歌を聞いたりして自然に親しみを感じるようになったり、古くから親しまれてきた唱歌、わらべうたの楽しさを味わったり、こま回しや凧揚げなど我が国の伝統的な遊びをしたり、様々な国や地域の食に触れるなど異なる文化に触れたりすることを通じて、文化や伝統に親しみをもつようになる。

幼児期にこのような体験をすることは、将来の国民としての情操や意識の芽生えを培う上で大切である。

このような活動を行う際には、文化や伝統に関係する地域の人材、資料館や博物館などとの連携・協力を通して、異なる文化にも触れながら子どもの体験が豊かになることが大切である。

さて、当初、「パブリックコメントのまとめ」において説明されていた「保育の現場において、絵本などの教材を活用しながら各保育所の創意工夫のもと、「親しむ」の趣旨に鑑みた保育が提供されるよう、解説書などで丁寧に周知」するという内容と、実際の解説書と比較してみると、どうだろうか。

国旗については、「日本の国旗に接し、自然に親しみをもつ」「将来の国民としての情操や意識の芽生えを培うことが大切」「国旗が掲揚されている運動会に参加したり、自分で国旗を作ったりして、日常生活の中で国旗に接するいろいろな機会をもたせる」「自然に日本の国旗に親しみを感じるようにさせる」「国際理解の芽生えを培うことも大切」であるとされている。

国歌については、「自然に親しみを感じるように」「幼児期にこのような体験をすることは、将来の国民としての情操や意識の芽生えを培う上で大切」とある。

新指針において、国旗や国歌について、上記のように記載されたことを、どのように受けとめればよいのだろうか。

私は、以下のように考えている。

パブリックコメントに示されているように、国旗や国歌については、見解が分かれる事項といえる。大きく見解が分かれている内容が、そのまま新指針に記載されたことについて疑問をもたざるを得ない。

では、実際には、保育者として保育をどのように考え、すすめていけばよいのだろうか。保育の内容や方法については、よく議論し具体化すればよいはずである。しかし、新指針に記載されたことにより、国旗や国歌に「自然に親しむ」ための保育が、保育園(者)の側に、強く求められることになるのではないかと危惧している。

新指針には、パブリックコメントの段階ではふれていなかった内容が、次のように、具体化されているからである。

「国旗が掲揚されている運動会に参加したり、自分で国旗を作ったりして、日常生活の中で国旗に接するいろいろな機会をもたせることにより、自然に日本の国旗に親しみを感じるようにさせることが大切」「我が国の伝統的な行事に参加したり、国歌を聞いたりして自然に親しみを感じるように」「幼児期にこのような体験をすることは、将来の国民としての情操や意識の芽生えを培う」(『保育所保育指針解説』より)。

繰り返すが、国旗や国歌については、大人社会において、大きく考え方が分かれる課題である。国旗・国歌の記載内容の取扱いについては、ていねいな説明をしてほしい。

そして、保育関係者をはじめ、幅広い方々による、率直な議論が求められる。

3　保育の理念、保育の自由

第5章では、新指針の課題等について、考えてきた。

ここから導きたいことは、新指針を受身的にとらえるのではなく、自らの保育を積極的に展開するために、手元に引き寄せて、議論・批判・提案を活発にすることである。特に、保育の理念として、「保育の自由」という基本的考え方を確かめてほしい。

繰り返すが、保育の自由とは、保育者たちが、目の前の子どもたちと共に、創りだしていく保育の営みである。保育者は、子どもたちの願いを受けとめ、乳幼児期にふさわしい保育をすすめていく。自分の保育を振り返り反省をかさね、よりよい保育をめざし改善していく。園としては、保育の理念・目標や方針があり、立ち返りながら保育のあり方を議論していく。保護者や地域社会の人たちとの信頼関係を大事にしながら保育を行っていく。保育の自由は、保育者が子どもを放任して、気の向くままに保育をするということとは違う。保育者たちが、毎日、判断をしながら保育を創造する営みである。どのような保育をしていきたいのか。保育者による自主性に任されること、自由であることは、保障されねばならないと思う。

こうした保育の自由について深めていく際、第2章でのべてきた、子ども観、保育観の土台を形成していくことが鍵となる。今後、子どもの権利条約の理念を踏まえた、新指針に対する学びや議論がとても大事になる。

日本の各地で、さまざまな公立・私立の保育園、幼稚園、こども園において、保育が行われている。保育の内容・方法は、自主的・創造的であるからこそ、魅力的な保育になる。

「こうしなさい」「これはしてはいけない」という上からの押しつけともいえる傾向が強まるとしたら、保育の自由を妨げる動きとして、率直な議論をしてほしい。

新指針に示された「幼児期の終わりまでに育ってほしい姿」を、各園の計画の最上位に位置づけて、計画の中に必ず書くように指導されているところがある。

「幼児期の終わりまでに育ってほしい姿」が、全国、どこにおいても同様に表現されるべきだとしたら、保育内容・方法の押しつけにつながる可能性はないだろうか。こうした課題について、自由・闊達に議論を展開していく必要がある。

第6章

保育を学ぶ

——保育の自由を深めるために

第6章では、京都、東京、九州の私立保育園の保育実践と、そこにある考え方を紹介させていただく。前著『保育とは何か』(岩波新書、二〇一四年)においても、「保育実践の輝き」として、いくつかの例を掲載した。

今回は、三つの保育園に絞り、その園で大事にされている保育の考え方について、私が学んだことを整理してみた。三つの園は、地域も違うし、各園の成り立ちも異なっている。いずれも、自主性・主体性をもち、自由な保育を展開していると考えている。それぞれの保育において大事にされている内容にこそ、学ぶことがある。

私は、保育をどのようにすすめるかは、各園の自由だと考えている。ここに紹介する三園では、「〇〇のように保育をすすめたい」「〇〇を大事にした保育をすすめたい」などという理念が、ことばで表現されてきている。

「保育の自由」とは、保育の考え方の学び合いから、それぞれの園で保育を発展させる際のキーワードだと考えている。保育の自由が尊重されてこそ、園としての子ども観・保育観を深めていくことができる。保育を豊かにすすめていくうえで、保育の自由こそが、大事な力になっていくのではないだろうか。

1　京都の風土を生かして――保育が地域を創る試み

京都府にある「たかつかさ保育園」（社会福祉法人京都保育センター、藤井修理事長・池添鉄平園長）では、園庭に実のなる樹木が多いということを保育雑誌で読んでいたので、関心をもっていた。そして、保育の活動に養蚕《ようさん》も取り入れていることに興味をもち、今回訪問して、ゆっくりと話を聞くことができた。

同園では、二〇〇三年から蚕の飼育をはじめてきたが、最初の頃は、五歳児が、観察用の動物として飼育するために、五〇匹ほどの四齢虫を京都工芸繊維大学の研究室から購入していて、繭になった時点で取り組みが終わるという内容であった。〇五年以降は、一〇〇〇頭から二〇〇〇頭という数の幼虫の飼育に春と秋に取り組むようになったというから、本格的な取り組みである。

園での一つの保育が、次々と新たなつながりを築いていくことになる。藤井理事長の「研究ノート」から取り組みの一端を紹介させていただく。

蚕飼育の経験者が皆無の保育園で、子ども向けの図鑑を頼りに始まった取り組みであったが、繭は手作りの簡易な道具でできることが分かった。特に繭の活用方法は考えてはいなかった。そこへ、大量に飼育していることを知った在園児の祖母Mさんが、「生糸を採取してはどうか」と、須藤先生に声をかけた。Mさんは、かつて京都にあった製糸工場で働いた経験をもち、機械製糸の糸採り技術に長けた優秀工員として表彰されたことも聞けた。西陣で廃業する撚糸業者の、糸巻器を園にもらえたのも彼女の仲介であった。その糸巻器は今も、子どもたちに生糸をとらせてくれている。

Mさんの指示よろしく、園庭にガスコンロを置き、お湯を沸かし、繭を煮た。ほぐれてくる糸口を竹の簓《ささら》で引出し、繰りながら糸巻器で巻く作業がここで伝授された。当時は、少量の生糸でも加工してくれる撚糸業者があり、協力を得て、柔らかな絹糸を作ってもらった。2005年度の卒園記念制作は、一人ずつ色分けして染めたその糸で運針をした壁掛けができた。

（「蚕はお年寄りと子どもたちを結ぶ触媒――異世代の関係を豊かに　都市と山村の協働のとりくみ」『日本世代間交流学会誌』Vol. 6 No. 1、二〇一七年一月七日）

上下とも，たかつかさ保育園(京都府)

養蚕を通しての保育を、世代間交流の取り組みとしてまとめているが、祖父母の援助を得て保育がすすむという位置づけのみならず、人生の先輩としての生きざまに関心を寄せる、保育者の側の、やさしいまなざしと広い視点に学ばされる。

たかつかさ保育園のこの取り組みは、一つの実践を大事に積みかさねる中で、新しい方向へ発展していくところに、とても興味がもてる。二〇一四年から、京都市と隣接する南丹市美山町豊郷地域の方々の協力を得て、子どもたちが卒園記念に桑の植樹を続けている。一〇アールの休耕田を「京都桑田村」と名付け、子どもたちの桑を村の高齢者が育成し、保育園の養蚕への葉を供給するとともに、桑の加工品を開発している。やがて、村の古民家で年二回の宿泊保育が実現していくのである。幼児教育を担う保育園と社会教育を担う公民館との協働が生まれ、京都府の農地振興策である京都モデルファーム協定に調印するようにまでなる。

この取り組みにおいて、特に心うたれるのは、保育園が高齢化率の高い京都府北部の村へ、アプローチを続けていることである。

藤井氏の論考を、再び引用させていただく。

「都市部の保育環境で動植物に触れる目的で取り組む「養蚕」については、日本の文化資源としての可能性を追求する価値があると認識している。ただし、そのための技法の開発が伴わない限り今日の日本の養蚕業が衰退した状況の下では容易ではない。また、保育者養成の段階での自然物との実地体験の不足もあり、保育現場の厳しい労働環境と相まって、現下の保育環境で飼育・栽培などの生き物を保育内容に組み込むことは非常に困難である」

「どの地域でも得られるものではないと認識する。しかし、地域社会と隔絶した教育・保育環境のなかで幼児期を送ることは、子どもの発達の要求に沿うものではない。その解決の糸口の一つが世代間交流にあると確信する」

保育が地域社会を創造する営みをもつことは、一朝一夕に、取り組めることではない。たかつかさ保育園は、すでに一九八〇年の創立の頃から、園庭の植栽に果樹を多く取り入れ、果実は、子どもたちのおやつや誕生日プレゼントに提供されてきた。園庭にある果樹が実を結ぶといっても、容易なことばかりではなかっただろう。子どもたち、職員、父母、地域とで、長く実践をかさねてきた土台があって、世代間交流への取り組みが可能となっていったのだと思う。

既述のように、二〇一八年四月、「保育所保育指針」が改訂・施行されている。たかつかさ保育園では、この改訂をうけて、保育園が大事にしてきたことを、職員全体で確かめながら、保護者に向けて伝えていくことにした。同園では、「遊び」と「生活」の充実こそが乳幼児期に適した保育であるという考え方から、具体的には「ヒト・モノ・コト」が整った豊かな環境を土台にして「どの子も大事」にする集団の中で保育をすすめていくという。

「ヒト」は子ども同士の関係・保育園職員の保育観・保護者との関係・地域との関係を意味する。「モノ」は、自然・園庭環境・おもちゃ・教材・給食・地域資源などである。「コト」は、自己決定・葛藤できる時間・毎日の生活・行事・文化との出会いなどである。

前章でみた「幼児期の終わりまでに育ってほしい姿」(以下「一〇の姿」)については、池添園長の書く保護者向けの園通信では、以下のように述べている。

乳幼児期は小学校の準備期間ではありません。保育指針の保育の目標にも記されているように「現在を最もよく生き、望ましい未来を作り出す力の基礎を養う大切な時期」です。「一〇の姿」を否定するものではありませんが、大人の押しつけのような一定の到達目標を掲げて、どの子も評価基準のモノサシで測られながら過ごすようなことになるなら、子

上下とも，たかつかさ保育園(京都府)

どもにとっても、保護者にとっても、保育園職員にとってもふさわしいものではありません。日本国憲法13条では「全て国民は個人として尊重される」と謳われているように、保育園でも、発達差・性差・年齢・障がいなどにかかわらず、一人ひとりを大切にしています。「みんなちがってみんないい」と認め合い、安心して過ごせる居場所でありたいと思っています。

（たかつかさ保育園園通信）

たかつかさ保育園では「どの子も大事」を保育理念として、一人ひとりの「その子らしさ」を大切にしている。それを具体化する一つとして、「育ちの記録」を保護者に伝えている。園生活における、その子らしい成長する姿のエピソードを選び保護者に記録を渡していくのである。

京都の風土を生かしたたかつかさ保育園の実践には、園の創立から三八年間の歩みがあることを知った。保育園が地域を創造する試みは、先輩保育者から、若い世代へと継承されていく。今後の保育にも、「ユニークな新しいチャレンジが生まれてくる」のではないだろうか。園庭で、虫や鳥たちがやってくる、さまざまな種類の木々を見ながら、楽しい報告を聞かせていただき、そんな予感がしてきた。

2　子ども・人間への深い探究――『まきばのかぜ』と子どもたちの育ち

いま、都内の保育園で、こんなにも、自由に、のんびりとした保育が展開されていることに驚く。子どもたちの声は聞こえるが、静かで、あたたかい広場があるとは、最近まで知らなかった。まきば保育園には、子どもと大人たちによる、ゆったりとした時間が流れている。

私自身が地方で保育者であった頃、保育とは、自然の季節感を体ごと感じとれるすばらしい仕事だと考えていたが、その若い頃の感覚が蘇ってくるような気持ちをいだいた。保育園の子どもたちと大人たちは、はじめての人をやさしいまなざしで迎え入れてくれた。

この園は、歴史はわりと新しいが、保育者たちは、若手から中堅とさまざまである。とても驚いたのは、夏前の日曜日、朝から夕方まで一日を費やして、全職員の研修をしていることである。私も、二年間、続けて研修の輪に入れていただいている。

事例の発表、グループ討議や全体討議など、さまざまな方法を用いている。それぞれが、自由に自分の考えや疑問を出し合いながら、議論を深めていく研修はとても貴重である。研修のねらいとは、自分たちが、子どもたちとともにすすめている保育は、ほんとうにこれでよいのだろうかと、一つひとつ、自分のことばにして、意見を交わしながら確かめ合うことだと思う。

研修を終えて、郵送されてきた一人ひとりの手紙は、まるで、大学の授業後のレポート・小論文集のようであった。そこには、保育という仕事を見つめながら、一人ひとりがどのように生きるかという、とても丁寧な振り返りがある。園のスタッフとして毎日をすごすことへの喜びや発見、さまざまな迷いや悩み、心情なども綴られている。大人たちが、子どもたちとともに、自然界の不思議さや生きることの意味を見つめていたりもする。

「まきば保育園」は、基本的理念としてキリスト教の精神を基盤におきながら、学びをかさね、地道な努力をされていることが感じられる。

子どもとは何か、人間はどのような存在なのか。保育園を訪問しながら、そんな問いを投げかけ合いながら、不思議な気持ちがこみあげてくることが、とても新鮮な経験なのである。

東京都調布市にある東京ＹＷＣＡまきば保育園は、〇歳から五歳までの認可保育園として二〇一三年に開園した。スタート間もない頃のご苦労などをうかがったが、落ち着いた「広場」であり、明るさと安心感がみなぎっている保育園というのが第一印象である。はじめて保育園にうかがったのは、新緑の季節を過ぎた頃であった。

子どもたちにとって、静かな遊びの空間があり、豊かな時間が刻まれていることに、大人で

上下とも，YWCA まきば保育園（東京都）

ある自分が、幸せな気持ちにさせられる。この心持ちを、あとからことばにすることはとても難しい。印象的な光景の一つは、地面を見つめながら、小さな虫を追いかけている二歳くらいの男児のことである。とくに誰かの仲立ちがあったわけではないが、気がつけばその子と会話をしている自分がいた。男児は、弱りかけている虫を手にしながら、とても心配そうに、「ぼそぼそ」……と気持ちを私にはきだしている感じであった。大人へのやさしいまなざしに、心洗われる瞬間であった。それにしても、ここで、子どもと触れ合っている気持ち、この安心感は、どこから生まれているのだろうかと、不思議でならなかった。

『まきばのかぜ』という保護者向けのおたよりから、大沢園長の想いを一部引用させていただく。

春の心地よい風にのって聴こえてくる子ども達の声

ここは、自由でおおらかな、子どもが主人公の保育園です。太陽の光が差し込む、子どもたちのために丁寧に創られた部屋。広い空と流れる雲。見上げるような木々の緑とそよ風、泥遊びも、サッカーも、ままごとも、虫取りもできる庭。お兄さんがいてお姉さんがいて、妹がいて弟がいる保育園。朝から夕べまで、子どもたちが精いっぱい生きている姿がたくさん詰まった場所。遊ぶことが大好きで子ども達の話に心を傾けて、じっと聴いてくれる先生たちがいるところ。子ども達の瞳が輝く瞬間のために、もうひとつのお家のような居場所をつくっていきたいと私たちは日々奮闘しています。（中略）

私達は「まきば」の子ども達のために次のことを大切にし、伝えていきたいと思います。ここは、安心できる場所であるということ、自分の気持ちを出していいということ、自分の歩幅で歩いていいのだということ、誰かがいつも見ていてくれる場所だということを。ご家庭では、それぞれの価値観や教育観や理想像をもってお子さんを育てていらっしゃるでしょう。けれどこれだけは、私達とご一緒にとお願いしたいことがあります。それは、子どもたちを「人とつながることのできる人、人と喜び、悲しみを分かち合える人」に育てていくということです。平和への道は子ども達を育てることから始まるのです。

（大沢千佳子園長『まきばのかぜ』二〇一八年四月号）

このお便りは、年度初めに、保護者へ届けられる大事なメッセージである。しかし、それにとどまらない響きがある。まきば保育園にかかわる、すべての人への、やさしく、芯のあることばとして、かみしめてみたいと思った。

こうした理念をもち、日々の歩みをすすめている保育園では、どのような保育が展開されているのだろうか。関心をもつ人が、自ら足を運んで、訪ねてみることを通して、実感できることなのだと思う。子どもたちは、毎日、ここで過ごしていて、そこに保育園の先生方がかかわって、共に生活が創られていくに違いないからだ。〇歳から五歳という乳幼児期を過ごす子どもたちという点は共通しているとしても、一人ひとりの感じ方、捉え方、考え方は、すべて違う。季節による自然現象の変化にも、風、雨、嵐、雪、霜……と、無数の多様性があるからだ。

ここで、園における具体的な、保育の記録を紹介させていただく。

園庭には古い水道があります。保育園ができるずっと前からある水道です。蛇口が高く、乳児はなかなか手が届きません。ある日、Sちゃん(三歳)がその水道で水を汲み、ジョーロで水まきを始めました。その姿をじっと見ていたRちゃん(一歳児)。しばらくして、ちいさなジョーロを見つけ水道の前に立ちました。でも蛇口に手が届きません。蛇口を見たり、水まきするSちゃんを見ながら、しばらく、ただそこに立っています。Sちゃんの方も、そんなRちゃんの姿をチラチラ見ながら、水道と園庭を往復していました。少しして保育者が、Rちゃんに「Rちゃん、もしかしてお水入れたいの?」と声をかけました。す

上下とも，YWCA まきば保育園

ると、園庭に向かっていたSちゃんがくるりと振り返り「いれてあげようか？」と、大きなジョーロを抱えたまま近寄ってきたのです。側に来ると、自分のジョーロを傾け、Rちゃんの小さいジョーロに水を分けてあげました。私はそのとき、Sちゃんのすごさを感じました。もし私だったら水道に連れていくか、Rちゃんのジョーロを水道へ持っていったと思います。でもSちゃんは、自分のジョーロの水を分けてあげたのです。どういう思いでそうしたのか、それはわかりませんが、その後二人が満足そうに水を撒いている姿を見ると、Sちゃんの対応は、Rちゃんに気持ちにピタリと重なったんだなと思います。このように、子どもたちは私たちの想像や対応を超えて、その瞬間を輝かせる関わり方を作り出します。それが本当にすごいのです。

（小谷野晃保育士）

ところで、東京ＹＷＣＡが保育園事業に取り組んだのには、どのような経過があったのだろうか。大沢園長によると、イギリスのロンドンで二人の女性たちがＹＷＣＡを組織したのが一八五五年、その運動が各国に広がり、五〇年の時を経て一九〇五年、日本に東京ＹＷＣＡが誕生した。「一人ひとりが等しくかけがえのない存在である」というキリスト教基盤に立ち、「その時代の社会に内在する問題・課題に光を当て、偏見や差別により弱い立場に置かれている

様々な年代の人たち、特に女性や未来を生きる子どもとその家族のための諸活動、平和構築への運動」を続けてきた。東京ＹＷＣＡの拠点の一つである国領（まきば保育園のある東京都調布市国領）は、「時代に先駆けて働く女性たちの憩いの場所」であり、また青少年と家族のための活動、子育て支援、統合保育の実践に取り組んだ。

二一世紀となり、仕事を持ち子育てをするという選択をした女性たちの増加に伴って、保育園のニーズが強く大きく叫ばれ、経済や自己実現や自分の力を社会へ生かそうとしている女性たちの生き方に共感しつつ支え、「親と離れて過ごす子どもたちが幸せな時間を過ごすことのできる居場所づくりは、緊急性をもって求められている」と確信することができた。今までの歩みの中で培った「子ども一人ひとりの違い、多様性を尊重し、その子どもだけに宿る力と主体性を信じる姿勢」を大切にして、保育園の立ち上げを決心したという。先人から与えられた、一六〇〇坪の自然あふれる敷地に、九八名の子どもたちが通い、八八の家族がつながっている。

私は、この庭こそ、子どもたちの園（キンダーガルテン）だという直観をいだいてきた。それは、キリスト教精神を基盤として、歴史の中で築いてきた保育の財産でもあったのだと思う。

あと一点、具体的な保育の記録を紹介させていただく。

園庭の築山に、半分に割った竹を組み、上から水を流す、言葉にしてしまえばただそれだけの遊びですが、そこに関わる個々の興味関心が実に多様であることに驚きます。

まず頂上から水を流す役の子たち。この遊びをやり始めた年長児が中心です。ジョーロの先にホースを付けて流してみたり、バケツから一息に流し強い流れを作ったり、途切れなく流すためにたくさんの容器に溜めてから流したりと、流し方に創意工夫を凝らしています。また、川下の子たちを気にして「ちょっとまっててね！」と声を掛ける姿も見られます。そんな年長児の中に一人四歳児が入っています。彼は年長児と一緒に水を流す役をやることが嬉しくて仕方ない様子です。やる気に満ち、一度部屋に帰ると泥んこになっても良い服に着替え、何回転んでも気にせずに走って水を汲んでいます。まるで転んだことにも気が付かないかのようです。

中流には二歳児と三歳児が数人います。水の流れに手を入れ、その感触を楽しんでいるこ、葉っぱを流してみるこ、葉っぱの後、縄を流してみるこ、流れてきた縄に大喜びして踊っているうちに踊るのが楽しくなっていくこ、一緒に踊ってみるこ、横の子と肩を組んで見守るこ、それぞれがそれぞれの感性でこの遊びを楽しみ、ゆるやかにつながりあっていきます。

川下では四歳児と二歳児がいます。拾った葉っぱを振り、年長児に合図を送ろうとすること、それを模倣すること、「何してるの？」と近寄っていくこ、大きくなっていく水たまりを見て笑っているこ、水たまりを飛び越えようと挑戦するこ。

大きな視点で見ると水を流して遊んでいるのですが、細かく見てみると実に多様な興味関心と、関わり合いが見て取れます。また逆に、それぞれの、この水流しへの関わりや興味関心が、この遊びを形作り、展開させているとも言えます。それぞれの個性が発揮されることで、集団としての在り方もより厚みを増していく、集団が生きていく、そんな子どもたちの姿を見て、私たちはどうしていくべきか考えさせられる日々です。

（小谷野晃保育士）

そもそも保育・幼児教育とは何を大事にすべきなのか。とても難しい問いなのだが、最近は保育実践の成果や結果などを、明示することの方が重視されがちなのはなぜかと、考え込むことが多くなった。

そんな折に、出会った次の言葉を、終わりに紹介しておく。

上下とも，YWCA まきば保育園

子どもが困らないように、悲しまないようにというのは、多くの親の願いであり、優しさなのかもしれません。そのために前もって教え、諭し、方法を親が考える方が多いようです。しかし、困ることで手に入ることがたくさんあります。子どもが、迷い、困ることで、答えを見つけようと様々な考えが頭の中を駆け巡る。それは大切な時間なのです。答えはすぐにでない時もあり、数年かかって突如ひらめくものもあり、中には、答えがでないものもあるかも。その時間が、子どものなかに、「考える道筋」を作っていきます。話を聞きだすより、子どもが自分から話したい、聞いてほしいと近づいてきた時にゆっくり聞き、相槌を打ってあげましょう。親が答えを与えるより、「子どもが自分で答えを探る時間」を大切に見守ることが「子ども自身が主人公となる人生」に繋がっていくのだと思います。

（瀬口哲夫副園長「ひびきあう心」『まきばのかぜ』二〇一六年三月号）

3　九州の私立保育園でうかがう——保育者の真剣さと人間への信頼

熊本県にある社会福祉法人M保育園で、夏の二日半を過ごした。園児の様子を少しだけ見学した後、まるまる二日半、園長・主任の先生の話に、引き込まれてしまった。保育園を見学させていただく機会は、よくあるほうだが、こんなに長時間、お話を聞かせていただいたのは、初めての経験であった。いま思い返してみると、このこと自体がM保育園の魅力なのではないかと考えている。

園長である渡辺先生(仮名)のお話は、以下のような内容から始まった。

子どもは仏様からいただいた生命であり、一人ひとりの持ち味が光り輝けるようにするのが、私たちの役割である。〇歳から六歳は、人間としての土台である。そこにかかわらせてもらうのは、贅沢な仕事にちがいない。しかも、八時間もお預かりするわけです。

こうした気持ちを、繰り返し聞くなかから感じたのは、子どもに対して、あるいは保育という仕事に対する、かぎりない謙虚さである。渡辺先生は、お寺に生まれ育ち公立保育園のご経験のあと、自身で社会福祉法人を立ち上げこの仕事にかかわってきているが、子どもへの信頼をしっかりと持つようになった一つの出来事と基本的考え方についてこんな紹介をしてくれた。

倉庫から遊具を自由に出していいと言ったら、すべて出してきて、庭に迷路をつくった。

倉庫の中が空になるまで、庭じゅうに、ならべた。さてどうなるのかと、長時間、こちらが待つことになった。でも、相当な時間が費やされたが、子どもたちによって、全てが片付けられた。やはり、〝子どもたちに任せていい〟と思った。〇歳から六歳は、人間としての土台をつくる。そこでどのような経験をしたかにこそ、意味があると思う。その子たちが、社会、そして日本をつくっていくわけだ。いま、まちがえば戦争になるかもしれないような社会。その社会の中の、リーダーになって、自分を主張でき、まちがえがあれば、勇気をもって言えるような人になってほしい。自信をもってほしい。

乳幼児期における人に対する信頼感が形成されていく保育において、その子の育ちを、保育者も見守ってくれているということだろう。では、そうした子どもたちの保育、保育者たちの実践では、どのような特徴があるのだろうか。私の質問について、渡辺先生の第一声は「職員がすばらしい」「はじめての人は、一年間は様子を見させてもらう。でも、みないい人ばかり」であった。そして、保育の一場面を伝えてくれた。

子どもたちの中に、さまざまな子がいる。一人さみしそうな子がいると、先生を、ひとりじめさせてあげる。その子とじっくりとお付き合いする。〝きょうは、○○さんとでかけてくるね〟と保育者の一人が、その子と散歩にでかけてくる。

もちろん、その間、気持ちをゆっくり聞いたりしながら、保育者も考えていくのだろう。「今度は、じぶんではないか」と待っている他の子どもの表情もうけとめていくそうだ。

この話をうかがったときに、子どもに向かう保育者の真剣さ、それを支える職員同士の信頼関係をつくっていく努力を、時間をかけて、粘り強くされてきているのだと思った。

渡辺先生ご自身の土台、保育者としての経験を質問してみた。すると、公立保育園時代における影響を受けた方との大事な出会いを話された。自分に、全面的に子どもを任せてくれた、ということであった。

散歩へでかけるとき、私の後をついてくる子どもたち、どの子もどの子も、こちらを見ている目の輝きがある。そのまなざしは、忘れられない。

感銘を受けたのは、卒園する子どもたち一人ひとりに、園長が、ゆっくりと気持ちを聞く場を、大事にしているということであった。

もうすぐ、卒園で、わかれてしまう。だから、いま何か言いたいことがある場合は、言ってみようかな？　という問いかけをする。沈黙もあるが、「○○くんがわたしのことを……と言ったけれど、おかしいと思う」。○○くんはどうなのかと、皆の視線が集まる。泣きながら、その頃を振り返ったりする。

それぞれが、自分の気持ちや他人の立場を考えてみる。そんな年度末の取り組みに、深い意味合いが感じられる。園長からみて、一人ひとりには、こんな力が育ってきたのか、と確かめる場でもあるのだろう。

二日半にわたる長時間の話を、どのように受けとめたのか、後で整理する難しさがある。そんな折、帰途に持たせてくれた、事例報告集を繰り返し読み直した。年に一度、一人ひとりが保育を振り返り、事例記録をまとめているそうだ。それを、全員にコピーして配布する。

もちろん、先生方の表情は想像するしかないのだが、心を打たれ、感想を一言ずつ書かせていただいた。

ここでは、二件の事例のみを紹介させていただく(一部仮名)。

子どもと本気で向き合って(B先生の記録)

A(女児、五歳七か月)は、家庭でとても可愛がられていて、よく気が利き、発想も豊かで、遊びの中でも中心になることが多い。(中略)そんなある日、「あっ、B先生がカマキリ踏ました!」と、大声で知らせた。私(B)は、埋めてあるのを知らずに踏んでしまったことを謝り、この通り道に埋めていたらまた踏まれるかもしれないので、園庭の端にある木の根元に埋めるのはどうかと提案をし、了解を得て埋めなおした。Aは手伝うことなく、ずっと鉄棒にもたれたままいきさつを眺めながら不服そうな表情をしていた。再度、知らないで踏んだことを話すが「でも踏んだたい!」と責めるように強く言い、じっと見て決して目をそらそうとはしなかった。どうしようもなかったので、先生はどうしたらいいの? と尋ねるが返答はない。私もここで引き下がれず、努めてAの視線からは目をそらさないようにした。傍らから見たらすごい無言のぶつかり合いをしていると見えただろう。私はこのチャンスを生かしたかった。「Aちゃんは鉄棒も縄跳びもお絵かきも歌も上手にできてすごいと思う。和太鼓を叩くときにも真剣な目をしてものすごくカッコよかった。

でも、できることだけがすごいことだとは先生は思わない。鉄棒や縄跳びがあまりうまくできないけど、一生懸命頑張る人はすごいと思うし、お友達が困っていたら話を聞いて、一緒に考えてあげる人は素敵な人だと思う」と、どうにかわかってほしくて懸命に伝えた。それでも全くＡの表情も態度も変わらなかった。長い時間だけが過ぎた。もういまの私には力が及ばないと思った。Ａに伝わらないことが悲しくなり「もういい」と言うのが精いっぱいで、涙ながらにその場を離れた。すると、すぐ後ろからＡが駆け寄り「ごめんね」と言った。もう私は涙があふれて振り返ることができなかった。気持ちを少し落ち着かせてから「よかった。やっぱりＡちゃんはわかったんだね。ありがとう」と握手をした。数日後、Ａの祖母からお手紙がきた。この日の夕食時、「Ａは明日から優しくなる」と突然言ったということだった。今日、保育園で何かあったのかな？と思ったけど、ニコニコして話したので、あえて聞かなかった。ということだった。

自分から優しくなろうとしたＡ。お友達との関係も良くなり、生き生きとした表情やお友達と一緒に協力して楽しんで遊んでいるのを見ると嬉しくなる。保育士の仕事は大変さもあるが、それ以上に子どもから頂く喜びや感動は大きい。これからも一人ひとりの育ちに対しての願いと思いを持って、思いは必ず子どもに伝わると信じ、その時、その瞬間を本気で、そして丁寧に子どもとかかわるよう努めていきたい。これからどんなドラマが生まれるか楽しみだ。

「一番がいい!」三歳児(C先生の記録)

七月頃、キリン組(四歳児クラス)とライオン組(五歳児クラス)が園庭にある砂山の周りを保育者の笛にあわせて、かけっこをしていた。パンダ組(三歳児)の子たちにも「運動会でかけっこするから、今からたくさん練習したら速くなれるかも! キリン組さんライオン組さんとかけっこしよう!」と伝えると、「したい!」「かけっこ一番になる!」と張り切っていた。D(四歳三か月)はクラスの中で生まれが早く、できることも他児より優れていることの方が多かった。保育者の手伝いなどもよく率先してくれていた。また、負けず嫌いで何にでも挑戦していた。このかけっこの時も二人組で走り、その子に追い越されると泣いてしまうこともあった。一〇月、運動会も近づき当日走る組順で並んで走る。D(四歳六か月)と同じ組にE(四歳)がいた。クラスの中でもダントツ速く、ほとんど一位でゴールする。そんなEと一緒になり、春も一位になれずガッカリする。運動会のリハーサル(本番一週間前)でも二位でゴールする。それから「Eちゃんと走りたくない」と言う。理由を聞くと「Eちゃんはやいんだもん」と言う。「Eちゃんがいると一番になれんと？」と聞くと、「うん、一番がいいのになれない」と言う「Dちゃんはどうしても一番になりたいの？」と聞くと「一番がいい！」と涙ぐみながら力強く答える。「なら、先生と二人だけで練習しよう！　みんなよりもたくさん練習したら今よりももっと速くなれるかもよ！」と提案すると、「やる！」と言い放ってスタートラインに立つ。保育者の笛の合図でスタートし、真剣な顔で何度も何度も走っていた。このことをお迎えに来た母親にも伝える。母親からは「一番じゃなくても最後まで走れたらいいんだからね」とDに声をかけたが、何も応えなかった。次の日も「また練習する！」と自分から言いに来る。「いいよ！　今日は先生と競走ね！」と言うと嬉しそうにスタートのポーズをする。これが運動会の日まで続く。そして、いよいよ本番。少し緊張しながらも、どこか自信がある表情も見られた。でも結果は二位だった。それでもDは泣かずに潔く二位の等旗に座った。あとから「Dちゃん惜しかったね。でも最後まで走ってかっこよかったよ！」と伝えると、「D二位だったけどいいもーん」と少し笑って話していた。母親も「二位だったけど、とても清々しい顔をしていました」と話された。家でも、姉・兄と一緒に練習をしていたとのこと。Dの負けず嫌いな一面からこんなにも「練習をしたい！」と思えるようになるとは思っていなかった。そんな過程があったからこそ、結果に満足できなくても気持ち良く終われたのかなと思う。人それぞれやる気が出る場面は違うと思うので、そのやる気スイッチを押してあげるような、遊び・言葉かけを普段からしていきたいと思った。

保育者が保育をすすめていくとき、子どもの願いをどのようにうけとめるのかが、常に問われる。

この保育園においては、子どもを保育させていただいていることとの意味、一人ひとりにある持ち味をどう考えればよいかという問いが、いつも存在している。

そして、保育者も一人の人間として、弱さもあれば間違いもある。そのとき、どのくらい誠実に、自分や保育の振り返りができるのかどうか、ということだろう。テキストなどだけでは学べない、保育の神髄にふれたような二日間の訪問に心から感謝している。

終章
保育の自由と未来

終章では、保育の自由と未来に向けて、いくつかの課題を断章風に取り上げてみたい。園長論、子どもや「子どもの時間」、親のパワー、地域の保育、AI(人工知能)と保育、「ESD(持続可能な)保育」とセンス・オブ・ワンダー、保育園における職員集団の形成などである。

「三つの大好き」が育つ——園長論に学ぶ

東京都内の私立保育園長・島本一男さんは、私が私立保育園長をしているときからの、園長仲間である。同年齢であることからも、自分たちの生き方や保育のあり方を、率直に議論しあえる友人である。

島本さんは、どんな気持ちで保育にかかわるようになったのだろうか。ご自身の子ども時代を振り返るとき、将来なりたくない職業として、先生や警察官などを考えたという。つまり、力のあるもの＝権力への反抗心みたいなものがあったようだという。大学では、機械工学を専攻した。たとえば、空調設備などの蓄熱はどうしたらよいのかということを卒業研究に取り組んだ。学生時代のアルバイトとして、養護施設で家庭教師をしたが、勉強がまったくできない子たちのことを、本当にどうしたらよいのかと、考えたりした。目の前の子どもを幸せにできないと痛感した、いわば二〇歳の頃の原点になった経験である。

会社を三年でやめて、保育園の世界に入る。もちろん、その後の歩みには、紆余曲折はあるが、「つくる」という営みに、こだわってきたことが伝わってくる。「歌をつくる」「田んぼをつくる」「野菜をつくる」「保育園をつくる」などである。

いつも子ども一人ひとりへのまなざしを大事にしている園長だといえる。子どもたちが、園で生活している以上、そこを第一にスタートすることは当たり前なのだが、私立保育園の経営や実践には、多くの課題がある。しかし、その中にあって、園長職として夢を持ち未来を描いている。

島本さんが園長として心がけたい考え方として、「人を好きになる遊び」「自然を好きになる遊び」「自分が大好き」(「三つの大好き」が育つことを考え保育する)ということばがある。「三つの大好き」が育つことについての島本さんの園長論を、彼自身のことばで、紹介させていただく。

「人を好きになる」には、まずは愛されることがスタートなのですが、それはとにかく「仲良くしなさい」という規範を教え込むという発想ではなく、他者と一緒にいて心地よい、面白い、嬉しいというような体験をたくさん積みかさねる保育を考えることだと思います。そのためには、自己中心的な表現が中心の子どもたちがトラブルを起こしても大人の公平さや支援によって「違いを知り、しかもうまくいった」という体験になるよう、毎日をコツコツと大切に積みかさねることだと思います。乳幼児期から集団に入って生活するだけで、一斉に食べたりということは、はじめに人と仲良くすることを求められる環境に置かれるということなのです。自分を好きになる生活と人を好きになる生活は対立しているように思われがちですが、「あなたのことは好きだけど、この子も大切な子ども」ということを愛情たっぷりに伝えられることが大切だと思います。だから、「仲良くしなさい」とか「これはみんなのものです」というように対応されると、かえって人間嫌いになっていくように感じるのです

「自然を好きになる」ことは、たとえば、はじめはバラバラだった田んぼづくりが自然に四角に並び、枠の場所を掘るようになっていく。子どもたちは田んぼをつくるということに興味をもって誰一人その場所を動かずに掘り続けます。子どもが土や、石、草などと真剣に向き合っている姿に対して、大人に求められるのは声掛けではなく没頭できる環境だと思うし、このような体験が子どもと自然をつなげる機会になっていると思います。全

身で感じる「自然」、その環境を保証し、あらゆる生き物との共存を感じる教育がしたいものです。

「自分が大好きになる」ということは、他者からたくさんの愛情を受け豊かな環境のなかで自己表現を受けとめてもらいながら、自分を知り、自分の心とうまくつきあえるようになる力であり、人間の育つはじめの一歩に対する私たち大人の大きな責任だと考えています。この心が育っていないと、安心して集団のなかで仲良く過ごしたり学ぶということがとても難しいという現実を、保育者なら嫌というほど見ているはずです。乳幼児期の子どもたちは自己主張をたくさんし、周囲の世界をいつもノックしていますが、丁寧な応答をしてもらえないとわかると諦めて静かになったり、ますます強い自己主張を繰り返して、大人からさらに厳しい対応をされることで、欲求不満の塊のようになって、他者から上手に可愛がられるという表現ができなくなってしまうからです。しかし、乳幼児期は大人の方が立場的に強いので、子どもの方が折れて合わせているので気がつかない人が多いのです。この状態のままで聞き分けが良い大人になるかというと、決してそんなことはなく、いま、生きるための選択肢として受けとめているように感じるのです。このときに対応された大人のかかわり方の記憶が、大きくなると数倍もの力で社会に返されているような気がします。さらに危惧されるのは自分が親になり子育てをするときに、このときの記憶がよみがえり、わが子に対しても同じような対応をしているのです。それは、少し対応に困った子どもの保護者と面談していくうちに、だんだん自分の子どもの頃の育ち方を話しはじめ、「私もこうだったから仕方がない」という話になるのです。これはある意味、虐待などの負の連鎖ともつながっていると感じています。

（島本さんへのインタビューをもとに、まとめた）

こうした島本さんの園長論から、何を学ぶことができるのだろうか。

乳幼児期とは、この世に誕生してから、せいぜい五年間か六年間にすぎない。しかし、この時期が人間の生涯において決定的に大事な時間になるということを、私たち大人は、かみしめなければいけないのではないかと思う。

島本さんの園長論、「人を好きになる遊び」「自然を好きになる遊び」「自分が大好き」という理念は、人や自然にかかわりながら、これからの新しい時代の保育の核心となる内容が含まれているのではないだろうか。保育園という場所で、子どもたちと保育者・親たち・大人たちとで、保育の理念を、豊かに発展させることができるのではないだろうか。

子どもに向き合う――保育の悩みと喜び

私は約四〇年前に、保育者となったのだが、最初の頃からの自分を振り返り、本を書かせていただいたことがある。『人がすき　村がすき　保育がすき』（ひとなる書房、二〇〇〇年）である。一九七八年からスタートした保育との出会いを書いたわけだが、いま開いてみると、恥ずかしさばかりがこみあげてくる。

二〇代半ば過ぎ、保育園に就職して以来、さまざまな出来事に出会ってきた。はじめて出勤した朝のことを、いまでも鮮明に記憶している。自分では慣れるためだと考えていたのか、出勤すべき時間よりもかなり早く園に到着していた。早番の仕事として決まっていることは、すべての保育室の鍵を開けることであった。相当な時間を費やしてしまったが、何とか完了して、汗だくになり受け持ちの保育室（〇歳児クラス）に入った。すると、早くも門のところに、親子が来ているではないか。（自分のクラスの子ではありませんように……）と祈るような気持ちであった。しかし、どう見ても、赤ちゃんを抱いているお母さんなのである。「あっ、入園式のときの、おとこの先生ですよね、おはようございます。うちの子、父親が大好きなんです。良かったです。きょうは、忙しいので、よろしくお願いします」と赤ちゃんをおいて、走って行ってしまったのである。彼と目を合わせた瞬間、大声で泣き始めてしまう。いったい、これは、どうしたらよいのかと、気が動転してしまう。ようやく彼を抱き上げて、ベッドへ入れておいた。目を合わせると、ベッドの柵につかまり、震えるようにして泣いてしまう。私が遠ざかると、ようやく泣きやんだ。そうこうしているうちに、先輩の保育者が来た。せいぜい一〇分程度なのだが、一時間くらいに感じてしまった。こんな日々であり、夕方、アパートへ戻ると、職業の選択を間違えたのではないかと、悩む日々でもあった。

それから数か月、さまざまな遊びや生活を共にするなかから、彼との人間関係は、徐々に結ばれるようになっていった。遠ざかっていた私に「いいから、先生も近くに来て、いっしょにあそぼう」と先輩保育者が、粘り強く導いてくれたのである。食事や着替え、昼寝、散歩と毎日の保育は積みかさねられていく。互いに笑い、泣きながら、一緒に生活をしていくなかから、子どもとの関係性は築かれていくのである。

だいぶ後になって考えたことだが、保育者一年目の経験は、人間と人間が気持ちを通じ合うまでの努力、その魅力に出会うことができたのだと思う。大げさではなく、保育園において、子どもと共に、二〇代の自分が、育ててもらっていたのだと思う。

「子どもの時間」を考える

いま、特に強調したいのは、ゆっくりとすすむ、「子どもの時間」を、もう一度、私たち大人が保障するべきではないかということである。

「子どもの時間」を考えるとき、園長時代に出会ったまさこさん(仮名、五歳)のことを思い出す。園で飼育しているウサギにエサを与えるために、週明けには、子どもたちが野菜くずや登園中に拾った草を持ってくるようになっていた。まさこさんは、ビニール袋いっぱいに、シロツメクサを持ってきていた。一人でウサギ小屋の前に座り込み、金網ごしに、一本一本、「おいしい?……」などと声をかけながら与えている。それほど長い時間ではなかったのだが、一人で、じっとすわりこんでいるので、近づいて行った。おそらく、私の中には、早くエサやりを済ませて、自分のクラスへ行くべきだという気持ちがあったのだと思う。

ついつい、余計なことを言ってしまったのである。

「そんなに、シロツメクサをあげると、おなかを、こわすかもしれないよ」

すると、彼女の手は止まって、こちらを見た。

「えんちょうせんせい、きのう、ゆうごはんたべた?」(たべたよ)

「けさ、あさごはん、たべてきた?」(たべてきたよ)
「あのね、どようびから、○○ちゃん(ウサギの名前)は、なにもたべてないんだよ」
その次のことばが、とてもきつかった。
「えんちょうせんせいなのに、そんなことも、わからないの?」

私は、返すことばを失ってしまった。

子どもたちは、自分なりに行動しながら、さまざまな気持ちをいだいている。考え方についても、自分なりの理由をもち、いつも自由に表現している。

それに比べて、大人である私は、常識的な、つまらない発想で、何か注意を与えねばならないと勘違いをしていたのであった。子どもたちには、毎日、思いっきり遊びながら、自由に時間をすごしてほしい。

*

「子どもの時間」を考えるとき、もう一つ紹介しておきたいのは、ミヒャエル・エンデ作「モーニのすばらしい絵」のことである。ミヒャエル・エンデ(一九二九—九五)は、ドイツの児童文学作家であり、『モモ』『はてしない物語』などがよく知られている。『魔法の学校』に収められた「モーニのすばらしい絵」は、保育者をめざす学生たちや、保護者の方にもよく勧めている。

モーニ(六歳)とおじいさんとのやりとりとして、次のように話がすすんでいく。

「モーニとわたしは、かんがえられるかぎりでいちばんのなかよしです。モーニはやっと六歳で、わたしはその十倍ほども年をとっていますが、年の差なんてわたしたちふたりにはちっとも気になりません」

おじいさんは、モーニの誕生日に絵筆と絵の具をプレゼントし、お礼にモーニが絵を描いていくのだが、その絵について、じっくり眺めながら会話が始まる。

モーニ「どっかかきなおしてほしいところがあったら、いってね。」

わたし「もちろん、なにもないさ。あるわけがないだろ。ただ、せっかくそういってくれるのなら、ほんのちょっとだけ気になることがあるんだ。この絵じゃ、きみがまるでなにもないところにうかんでるみたいにみえるだろ。もっといごこちがいいように、下にベッドかなにかかいて、きみがその上にねているようにしたら、どうかな。」

モーニはだまって絵をぐるっと自分のほうにまわし、もういちど絵筆をつかんで、絵の人物のまわりにいきおいよく茶色の絵の具でベッドの木の台をかきはじめました。四隅にはたかい柱があってそのうえに天蓋(屋根)がついています。それは、女王さまでもうらやましがるほどすてきな天蓋つきのベッドでした。しかも、ベッドは大きくて、絵いっぱいにひろがっています。

こんなやりとりをかさねながら、ベッドの上で寝ている女王さまに、服を着せていく。服は金色の星がちりばめられているネグリジェになり、その上に、今度は、白い絵の具が塗られて、厚くて大きな羽根布団がしかれていく。そして最後は、電気が消され「おやすみ」と、絵全体がまっくろにぬりつぶされてしまった。その絵を見せられたおじいさんは、どのように答えたのだろうか。

モーニ「ねえ、これでいい?」
わたし「こりゃあ、だいけっさくだよ。ここにほんとはなにがかいてあるか、知っているものにとってはね。」

これで、話が終わるのである。

モーニは自由に描いていくが、さまざまな考え方と、豊かな発想がつぎつぎと閃いていく。ところが、大人はどうしても、どのように見せるかという結果のみを重んじようとする。子どもは、たくさんの寄り道や、失敗を通して、自由に表現しながら成長していく。

保育や教育の本来的な姿とは、プロセスにこそあるということを、深めることができるのではないだろうか。

親のパワーに学ぶこと

自転車の前と後ろに乳幼児を乗せて、保育園へ向かう親子とよく出会う。当然のことだが、雨や雪の日も、猛暑のときも保育園へ連れていく。

私は、感心しながらこの姿を見つめ、子どもたちを育てながら懸命に働く親たちを、ますます応援したいという気持ちが強くなってきている。なぜ、そのように考えるかといえば、次のようなことがあるからだ。

たとえば、二〇一三年冬のこと、親たちが都内の区役所へ、幼な子の手を引いて、あるいは、乳児を背負って集まった。親子同士は、面識があるわけではないのに、ネットでつながり合い、認可保育園へわが子を入れたいという強い願いをもって、自治体首長へ、直接訴えたのである。この輪は、都内から周辺の県へと、広がっていった。二〇一四年、一五年、一六年と、時間は費やしたものの、親たちのパワーに押されて、各地で認可保育園が建設される気運を創り出していったのである。

そして、親たちの取り組みのおかげで、保育者の置かれている条件にも、注目しなければならなくなった。つまり、認可保育園が増えない要因の一つは、保育者が不足しているからであり、その理由は厳しい仕事のわりに賃金・労働条件が、他の職種に比べて、あまりにも低いからだという事実が注目されるようになったのである。こうして、保育者の置かれている現状について、国・自治体が、ようやく本腰を入れて、改善をめざす状況になってきているのである。

つまり、親たちが子どもを保育園に預けて働くという事実は、認可保育園の必要性や保育需要を掘り起こしてきた。そして、保育者の置かれた賃金・労働条件の改善をはじめ、社会的地位の向上をめざすことが不可欠であることが理解されるようになっていったのである。これらのことは、日本各地の保育の歩みを探っていくと、いくつもの取り組みによって、明らかになってくることではないだろうか。

さて、第4章でふれたように、二〇一九年一〇月の消費税増税時に、幼児教育・保育の無償化が具体化されようとしている。乳幼児を育てる親たち、子どもたちのことを考えると、経済的負担を減らすことは必要で無償化をめざすべきだ。しかし認可保育園を増設して待機児童を解決するという優先課題が後回しになってしまうことが危惧される。問題解決のためには、保育者の確保や保育の質が問題になることも、繰り返し指摘してきた。

構想されている無償化策にしても、保育園・幼稚園・こども園に預けているすべての親が対象になるわけではない。現段階では保育園の給食費が無償になるのかどうかが不明確なことや自治体の財政負担増が見込まれることなども大きな問題である。

すべての子どもたちの、保育を受ける権利の保障をめざして、世論をさらに広げていきたい。

AI（人工知能）と保育

いま、ＡＩ（人工知能）が注目されている。あまり遠くない時期に人間の仕事が奪われる、あるいは、人間に代わってＡＩが教育を担当することも可能になり、人手不足を補う活躍が期待されるなどともいわれている。果たして、ＡＩが保育者に代わる可能性があるのだろうか。

はじめに、前著『保育とは何か』において「ＳＮＳやデジタル機器の普及を考える」でふれた基本的考え方を確認しておく。それは、技術の成果を活かすことができる面があること、同時に、乳幼児期の成長・発達においては、与える時間の長さなどは、慎重に考える必要があるという視点である。

　では、ＡＩと保育の分野に関する課題について考えてみたい。技術開発がすすんでくるなかで、保育への影響があることは確かだといえる。その際、ここでも、原則をいくつか確認する必要があるのではないだろうか。

　保育の場において、ＡＩ技術を取り入れるのかどうか、取り入れる場合には方法なども含めて、保育園（者）の側の主体的判断が必要である。

　まず、考えられることとして、さまざまな実務や園の運営面の業務、子どもの健康管理面など、保育にかかわる業務をサポートしていく際、新しい技術が果たす役割は大きいといえる。同時に、注意すべき課題も少なくないといえる。

　たとえば、乳幼児の生命にかかわる乳幼児突然死症候群（ＳＩＤＳ）という病気がある。乳幼児突然死症候群は、睡眠中に乳児が死亡する疾患のことだが、窒息などによる事故死も起きている。保育者は、睡眠中に定期的（数分間ごと）に乳児の様子を確認し記録をしている。最近、乳児の睡眠を見守る機器が開発されており、保育現場にも入っている。保育者の負担を軽減する面からは有用性があるといえる。しかし、機器を過信した場合、睡眠中の状態の見落としにつながる可能性はないだろうか。新たな機器の導入により、乳児保育の環境諸条件（人員配置、保育室の面積基準など）を改善することに消極的になるとしたらとても心配である。保育場面において、主体的な判断をしながら、機器の導入・活用を図るべきではないだろうか。また、乳幼児を対象とする研究においてもＡＩ技術はかかわっていくだろう。一人ひとりの人間を尊重することを踏まえた研究の可能性に期待したい。

保育ロボットなども登場しはじめているようだ。ここで、保育という営みの基本が人間対人間の直接的コミュニケーションであることを再確認しておく必要がある。

二歳児保育のある場面を紹介してみよう。おやつのときに、二歳児が、椅子を前に「だしてぇ、だしてぇ」（椅子を前に動かしてテーブルに近づけてほしいという意味）と保育者に要求している。そこで、保育者は、「まっててね。こうやって、こうやって」と言いながら、その子の背中と椅子に両手をあてて、ゆっくりと、椅子を移動してあげたのである。「だしてぇ」と言っていた子も、満足していた。その後、別の子が、同じような要求をしたことがある。すると、友だちが、保育者の真似をしながら、「まって、こうやって、こうやって」と言い、その子の背中と椅子に両手をあてて、椅子を移動してあげたのである（二歳児担任Ｍ保育者の話をまとめた筆者の記録）。二歳児クラスの子たちは、保育者や子どもの行動、あるいはことばやしぐさをよく見ながら、真似をしていたわけである。

このように、子ども同士や保育者と子どもとの人間関係を通した学びは、日常の保育において行われている。どんなに優れたAI技術を身につけたロボットが登場したとしてもかなうはずがないのではないか。その意味では、保育の行為そのものが、AIにとって代わることは、ありえないように思う。逆に、人間対人間の直接的コミュニケーションとしての保育の大事さが、明らかになることではないだろうか。毎日の保育を通してコミュニケーション力、応用力、創造力がつちかわれていく。

「ESD(持続可能な)保育」とセンス・オブ・ワンダー

ESDとは、持続可能な開発のための教育を意味していることばである(Education for Sustainable Development)。二〇〇二年、国連により開催されたサミットで、日本が提案して採択されたものである。日本ユネスコ国内委員会は、ESDを次のように定義している。

「今、世界には環境、貧困、人権、平和、開発といった様々な問題があります。ESDとは、これらの現代社会の課題を自らの問題として捉え、身近なところから取り組むことにより、それらの課題の解決につながる新たな価値観や行動を生み出すこと、それによって持続可能な社会を創造していくことを目指す学習や活動です」

このように、ＥＳＤは幅広い内容を意味しているが、日常の保育において、地球環境や生命の大事さに気がつく場面は、さかんに見ることができる。この取り組みを早くから意識して実践している「メダカが一〇〇匹」という記録を紹介しておく。

「メダカが一〇〇匹」

今年も、子どもたちが自然から多くのことを学んでほしいと思い、園庭の一角に田んぼをつくり（とても小さいのですが）、お米をつくりました。

水田に水を入れると、さっそくアメンボが飛んできます。何日かすると、小さな水生昆虫がたくさん泳ぎ始めます。

田植えをすると、小さかった苗はどんどん伸びて、分けたりしながら成長し株が太くなっていきます。さらにトンボがやってきて、卵を産んでいきます。しばらくすると、ヤゴの赤ちゃんが動き始めます。

田んぼは、多くの命を育みます。

今年は、メダカを田んぼに一〇匹ほど放してみました。すると、子どもたちも田んぼをよくのぞくようになりました。九月になってメダカを捕まえてみると、一〇〇匹近くになっていました。これも、田んぼが育んだ命です。

種もみを残して、新米をいただきます。そして一二月になると、稲藁《いなわら》でお正月のお飾りをつくったり、霜よけに利用します。やがて藁は堆肥になり、大地に帰っていきます。

これらの命の不思議さを伝えることも、ＥＳＤの活動です。

（諏訪保育園園長　島本一男）

（全国私立保育園連盟・保育国際交流運営委員会編『地球にやさしい保育のすすめ――ＥＳＤ的発想が保育を変える』二〇一四年）

子どもたちが発見したこと、驚いたりすることに共感していくことがＥＳＤにつながっていく。毎日の保育は、小さな営みではあるが、地球環境や生命の不思議さなどへ気づいていくさまざまな取り組みが行われていることに、今後ますます注目していきたい。

アメリカの海洋生物学者であるレイチェル・カーソンによる『センス・オブ・ワンダー』のなかに、こめられているメッセージを紹介しておきたい。すべての子どもたちに備わっている、神秘さや不思議さに目をみはる感性として、「センス・オブ・ワンダー」ということばがある。

レイチェル・カーソンのことばを、乳幼児期の保育に引き寄せて考えてみると、保育者や大人たちが、子どもたちと共に「どうしてだろうか」「なぜだろうか」と驚き、発見したりすることを大事にしていく姿勢につながる。

多くの親は、熱心で繊細な子どもの好奇心にふれるたびに、さまざまな生きものたちが住む複雑な自然界について自分がなにも知らないことに気がつき、しばしば、どうしてよいかわからなくなります。そして、

「自分の子どもに自然のことを教えるなんて、どうしたらできるというのでしょう。わたしは、そこにいる鳥の名前すら知らないのに！」

と嘆きの声をあげるのです。

わたしは、子どもにとっても、どのようにして子どもを教育すべきか頭をなやませている親にとっても、「知る」ことは「感じる」ことの半分も重要ではないと固く信じています。

子どもたちがであう事実のひとつひとつが、やがて知識や知恵を生みだす種子だとしたら、さまざまな情緒やゆたかな感受性は、この種子をはぐくむ肥沃な土壌です。幼い子ど

も時代は、この土壌を耕すときです。

(レイチェル・カーソン『センス・オブ・ワンダー』上遠恵子訳)

現代社会の忙しさのなかではあるが、夕暮れや星空の美しさや不思議さを、子どもたちと共感するひとときを過ごしたいものである。

地域と保育を考える――新制度五年後の議論

新制度は、「法律の施行後五年を目途として」「必要があると認めるときは」「検討を加え、その結果に基づいて所要の措置を講ずる」と規定されている。内容としては「五年間で経過措置の期限が到来する項目」「地方からの提案等に関する対応方針に関する項目」などが記載されている(子ども・子育て支援法附則第2条第4項)。

見直すべき課題は、いくつもあるだろうが、二点のみをあげておきたい。

一つは、人口減少地域である過疎地域における乳幼児の保育をどうするのかという問題である。私の三〇年近い保育現場での経験は、長野県・山梨県・千葉県という都心部から離れた地域であった。そういった地域では、たとえば、長い期間を経過してきた公立保育園の園舎が老朽化しても、修繕や新築をすることが難しい。すでに山間部などの人口減少地域では、公立・私立保育園が廃止あるいは統廃合されている。

また、正規職員と非正規職員との割合が逆転してきたケースも少なくない。正規職員が退職した場合でも正規職員ではなく、非正規職員としての補充がすすめられてきている。これらの主たる原因は、早くから(二〇〇四年頃以降)、公立保育園の運営費が一般財源化されてきたことによる。つまり、公立保育園の運営のために使用されてきた運営費財源(特定財源)が、保育以外の目的(一般財源)のために、まわされてきているためである。

新制度は、首都圏の待機児童問題に注目して具体化されてきた。しかし、今後、人口減少地域の保育のあり方を急いで検討していくべきではないだろうか。全国の町村部、とりわけ過疎地域では、保育園や幼稚園の存続すら厳しい状況がある。就学前に、保育園や幼稚園などの集団による保育を経験すること自体が厳しい実態も生まれている。第2章でふれた子どもの権利条約の理念を踏まえた保育施策の具体的対応が必要である。すべての子どもたちには、保育を受ける権利がある。

二つ目は、企業主導型保育のあり方に関することである。企業主導型保育は、二〇一六年に具体化された新しい事業である。課題としては、国が直接認可する事業所内保育を主軸とする事業であるため、市町村の子ども・子育て会議では関与しておらず、地域の保育需要が把握されないまま保育施設が増加している。第4章で取り上げたように、諸基準が緩和されていることも問題である。

いま、企業主導型保育事業が急速に広がっている(二〇一八年三月、企業主導型保育事業助成決定施設二五九七件、定員五万九七〇三人、児童育成協会)。そして、保育運営・内容上も問題点が指摘されている。二〇一七年四月から九月に児童育成協会がはじめて指導監査を実施したところ、四三二か所のうち三〇三か所が文書指導されていた。内容の一部を紹介すれば「保育計画等の整備をすること」「午睡時のうつぶせ寝への対応を適切に行うこと」「幼児食と乳児食を区分した献立を整備すること」「検査用保存食材を保存すること」他である(保育研究所『保育白書』二〇一八年)。

九州地方のケースだが、地域の保育需要がつかめないまま、企業主導型保育が次々と開園されている。そこでは、各施設において、定員を大きく割り込む状況が報告されている。しかも、大都市圏(大阪市、名古屋市、横浜市など)においても、同様の傾向であることがわかってきている(『西日本新聞』二〇一八年九月一七日付)。

国から企業主導型保育事業として許可を受けている以上、都道府県などの自治体(政令指定都市など）は、適切な指導・監督をし悲惨な事故などにつながらないよう対応をしていくべきだろう。もちろん保育内容に責任をもつことも不可欠である。今後必要なことは、急増している保育施設の実態を把握することである。

保育の自由と「夢」をもつ職員集団の形成

子どもや親たちとともに毎日の保育をすすめるのは、一人ひとりの保育者である。そして、保育の自由を追究するためには、よき職員の集団を形成していく必要がある。子どもたちの豊かな保育を、親との信頼関係を築きながら創造するために、保育に責任をもてるよりよい職員集団を形成していきたいものである。保育園における職員の側の課題は、親や地域の側からは、見えにくい面がある。園にわが子を預けていても、職員の側の課題についてまで考えることは、あまりないかもしれない。しかし、子どもをめぐる課題を考えるとき、職員、親、そして地域との関係が大事になっていく。これから、具体例もあげながら考えていくが、職員と親、地域とは、特に風通しのよい関係が必要になってくると思う。その際、保育のあり方において、核になるのがよりよい職員の集団を創ることではないかと思っている。本書の終わりに、この点を詳しく考え合うことにしたい。

――職員集団を自分から創るとは、どのようなことだろうか

まず、職員集団のあり方について考えてみたい。
保育は、自分だけで行うわけではないので、必ず職員集団の形成が課題になってくる。保育園にいる職員としては、保育者のほかには園長、主任、看護師、調理担当者、事務、用務員などがあげられる。

では、職員の集団を形成するとは、どのようなことなのだろうか。保育園においては、職種の異なるスタッフが協力しあいながら、毎日の保育をすすめていく。協力しながら仕事をすすめる大事さは、保育園に限ったことではないが、子どもの生命を守り、成長・発達を保障する専門性が求められる保育園では、適切な判断や意思疎通、議論、学び合い、結束して力を発揮していくことが必要になる。

職員集団には、解決を必要とする大小さまざまな課題がいつもあって、議論をかさねていく。何もかも完璧ではなく、むしろ未完成な部分をもっている集団であるというとらえ方により、意欲をもって仕事に力を尽くしていけると思う。未完成であるがゆえに、スタッフ全員が力を合わせながら、よりよい職員集団をめざすことができる。そして、誰かが職員集団を創ってく

れるという受身的な考え方ではなく、一人ひとりが主体的にかかわり、自分から保育をすすめ職員集団を創っていくことが必要ではないだろうか。

自分が職員集団を創るといっても、特に経験が浅い保育者の場合、わかりにくいだろう。一例をあげてみれば、体調をくずして仕事を休んだとしよう（あるいは、私用ができて欠勤しなければならないこともある）。保育者が休めば、必ず他のスタッフが保育に入ってくれることになる。休んだ保育者が、体調を回復して（あるいは私用が済み）出勤したとき、どのように行動するかが大事だといいたい。その際、上司や同僚に（保育に入ってくれた方に）きちんと報告（感謝の挨拶など）をするという姿勢が求められる。些細なことかもしれないが、そうした職場への基本的姿勢を欠かしてはいけないのだと思う。自分から職員集団を創ることは、そうした小さなことから始まると考えてみたいが、どうだろうか。

——意見の違いも、話し合える集団でありたい

では、よりよき職員集団とは、どのような内容であるかを考えてみたい。

たとえば、子どもの見方や保育の内容・方法をめぐって、意見の相違がある場合も少なくない。そのようなとき、意見が異なっているということを、ていねいに確かめ合える職員集団で

あることが必要ではないだろうか。

昼寝の前に、子どもたちに絵本を読んであげる。その際、ある保育者は一冊だけ読んであげて「おやすみなさい」といって、全員を昼寝させようとする。ところが、なかには寝るのが嫌だから、「もっと、よんでほしい」と保育者に甘えにくる子がいたりする。こんな時、どうしたらよいのだろうか。

あるいは、食事の際、好きなものをどんどん食べてしまう子がいて、どうしたらよいのか迷ったりするなど、日常の保育の場面には、さまざまな課題があふれている。では、こうした保育の内容や方法をめぐって意見の相違がある場合、どうこたえたらよいのだろうか。それぞれの保育者は、その場で、判断をして保育をすすめていかなければならない。保育を振り返る話し合いの際、「どうすればよかったのか」「自分は……のように考えて……のようにすすめた」などと、職員集団で議論をかさねていくことが必要になるだろう。議論を通して、保育の内容や方法などが確かめられていくのである。

こうした議論をかさねるときの大本には、本書で述べてきた子ども観（子どもをどのようにみるか）や保育観（どのような保育を大事にするか）、それに基づく理念や保育の方針がある。各保育園において、確かめられてきている内容を共有することといえる。もちろん考え方の中身が完成されている必要はない。しかし、この議論が、一歩一歩、豊かな子ども観や保育観を創造していく営みになるのではないだろうか。そんな職員集団が形成されたらよいと思う。

厳しい時代にあって、本書でふれてきたような、保育の自由を妨げるような動きがある場合、職員集団は、何よりもよく議論をかさねてほしい。めんどうでも、よく話し合いながら、励まし合える仲間でありたい。


――それぞれが、誠実に努力していけばよいのでは

一人ひとりが、職員集団を創ることについて、もう少し考えてみよう。

職員集団には、一年目の保育者、中堅・ベテラン職員、園長・主任、調理関係職員や看護師、事務・用務職員、パート職員などがいる。すべての職員が、保育を担う責任の重さを確かめ合うことから始まる。もちろん、保育現場においては、立場や経験により、見えてくる景色は異なるだろう。

一年目の保育者の場合、子どもと自分との関係をどのようにつくれるのか、保育をすすめる方法がわからず、不安でたまらない面がある。でも、誰にでも、どんな経験をかさねた保育者にも、一年目があったのである。そして、不安をいだきながら、子どもや人との関係性を築き

たいという純粋な気持ちをもてることは、一年目であればこそ、大事にしてほしい感覚である。一年、二年と時間が経過するなかで、園の持ち味も、しだいに理解していけるのだと考えてほしい。

中堅・ベテラン職員には、新しい仲間や若い人を育てる責任がある。気がついたことがあれば、陰でコソコソではなく、本人に率直に、アドバイスをしてほしい。そして、子どもの心をとらえる新しいセンスをもつ若い人の感覚や保育からも、よく学んでほしいと思う。中堅・ベテラン職員は、困難をくぐりぬけ経験をかさねてきており、園の柱となる大事な存在である。もちろん、慣れているからとあぐらをかいてしまうとしたら要注意でもある。ともあれ、園の中では、保育の核となり、相談ができる相手、子どもや保護者から見ても、安心できる職員となってほしいのである。

園長・主任に求められていくことは、書き尽くせないほどの内容がある。さまざまな研修に参加するなど、意欲的に学びをかさねてほしい。自信をもっていただきたいのは、園長・主任は、もっとも子どもをよくみることができる立場にある、ということである。なぜならば、子どもをとらえる複眼をもっているからである。保育者を通して子どもをみる、親子関係への理解、園経営・運営に責任を負う立場から、一人ひとりの子どもと親、さらに職員へといった豊かなまなざしをもっているからである。誇りをいだきながら、園における職員集団の形成をリードしていただきたい。

調理関係職員（調理員、栄養士）の存在は、子どもたちの食べる楽しみに直接かかわることは明らかである。乳幼児期にどのような食生活を送るかは、一人ひとりにとって決定的意味をもつ。看護職は、園における専門職として自信をもち、健康や安全、保健・衛生などのために力を尽くしてほしい。新指針では栄養士・看護師などの専門職との連携については消極的であり、改善すべき課題がある。さらに、事務・用務職員、そしてパート職員の方々がいなければ園の日常運営は成り立たないことも確認しておきたい。正確な実務や園舎の日常的管理業務、保育者の代替え体制、延長保育業務、いずれにおいても欠くことのできないスタッフである。

このように、園にはさまざまな職員が存在している。こうした職員集団を組織しながら、園の充実・発展をめざすうえで、園長職の役割が決定的であることはいうまでもない。

実際には、園の職員集団において、意見が異なるままの状態で日々をすごすこともある。そうかと思うと、すぐに判断をし、結論を出さねばならない出来事も少なくない。いつも動いており、課題をかかえているし、ほんとうにめんどうな組織だといってよいだろう。それに、職員集団を形成するといっても、誰かが集団をつくってくれるわけではない。一人ひとりが、自分から、その関係性を創っていく以外にないのだと思う。この一筋縄ではいかないかかわりを、地道に築いていく歩みが、やがては保育の喜びにつながっていくと考えてほしい。それぞれが、自分なりのかかわり方で誠実に努力していきたい。

――親とともに育ち合い、地域を創る保育園に

さて、これまで職員の側の課題について述べてきた。では、親と職員(保育者をはじめ園のスタッフ、以下保育者と略)との関係のあり方は、どのようにとらえたらよいのだろうか。

まず、親と保育者は、ともに仕事をしているという面では、同じ働く仲間である。つまり対等・平等であることを土台におき、考えてみよう。そして、保育園に子どもを預ける親、保育の専門家として保育をする保育者という関係が存在する。この関係においては、信頼し合える関係性が大事になる。信頼し合える関係性とは、どのように築いていけるのだろうか。信頼関係を築くことへの橋渡しは、保育園(者)の側からのアプローチが必要だと思う。なぜならば、園において子どもの成長する姿を発見する喜びを見出したとき、保育者はその姿を親に伝えずにいられないという気持ちをもてるからだ。子どもの成長する姿を、親と保育者とで共有できることが、信頼関係の基本だといえる。また、わが子を預ける親に対して、親切であることが

何よりも重要ではないだろうか。親が子どもを託することに、不安や願いがあるのは当然のことである。保育者は、親のこうした立場を理解し、信頼関係を築く努力をかさねていく。また、保育者が専門性をもつ努力をかさねることでは、一年目の初日からその自覚が必要だといえる。たとえ一年目であっても、保育園での子どもの成長・発達を保障する仕事に全力投球する気持ちをもつことが重要だということをいいたい。前述した保育の職員集団を形成する取り組みにおいて、こうした力量が形成されていく。時間をかけながら、保育者としての専門性を磨いていくのである。

そして親は、子どもを預ける不安や願い要望などは、遠慮せずに保育園側へ伝えてほしいし、親が伝えやすいように工夫することも、保育園側に求められている課題でもある。親にとって、何よりも安心できる環境であることが必要だからである。

もちろん、親や家庭がさまざまな困難を抱えるケースも少なくない。子どもの発達上の課題、経済的な問題、外国籍親子とのコミュニケーションのむずかしさなどの課題もあるだろう。こうした親や家庭の諸問題は、一つの保育園で背負いきれないことも少なくない。そうした際、専門諸機関（市町村、発達支援センター、児童相談所ほか）と連携をとりながら、協議をすすめていくことが必要になる。

さらに、地域社会における保育園の役割も注目されていくと思われる。園に預ける親子に限らず、子育ての方法などを相談し合うことや、共に遊ぶ場として保育園が積極的な役割をもつことも可能になってきている。

保育者をはじめ職員集団の役割とは、保育園での子どもの保育を中心とし、親へのサポート、専門機関との連携もある。子どもや親の支援(地域社会での子育て支援)など、広範囲に及んでいることがよくわかる。それぞれの地域に存在している保育園は、同時に地域社会を創る役割を担っているといえるのではないだろうか。

急激な人口減少と高齢社会が同時にやってきている。しかし、一つ一つの保育園の存在自体が、地域社会においては、かけがえのない宝になることができるとさえいえるのではないだろうか。

一人の子どもを預かる保育という仕事から、大げさではなく社会のあり方が見えてくる。地域の人たちの暮らしのことに、関心を寄せていくこともできる。

——保育園としての「夢」をもつこと

保育園は、未来に向けて、さまざまな可能性があるのだと実感しはじめている。どのような職員集団であっても、現在のあり方を肯定的にみて、小さな努力をかさねてほしい。

こうした重要な職員集団を形成していくうえで、かさねて強調しておきたいのは、園長職のもつ役割の大きさである。職員の方々には、園長職を、瞳のように大事にしてほしい。そうした職員集団の中から、次のリーダーが生まれ育っていくに違いないのだから。

終わりに、つたない私流園長論の一端を、引用させてもらう。

園長の職務は、子ども、父母、職員の声を地域社会にわかりやすく説明していくことだ。そして、地域や行政の力で子どもにとっての最善の環境が用意されていく。

園長は職場では、スタッフ、園児、父母の諸事情につねに精通していなくてはならない。そして、アクシデントがあれば、すぐに判断し、自分の予定を変更し対処する。ないにこしたことはないが、事故やケガ、設備のトラブルなどへの対策は最優先の課題になる。そして、子ども、大人にかかわる社会問題、自然科学、文化にも関心を持ちたい。園長職は会社組織でいうと、総務、経理、人事、営業などの部長職をすべて一人でこなすようなものだ。そんなことは容易にできることではない。

おおげさになってしまったが、私立保育園園長として善意に仕事に向かおうとしている人は、こうした感情を抱きたくなるときがあるのではないだろうか。だから、園長の職務を遂行する留意点は、第一にさぼること、第二に他人の責任にすることだといいたい。自分自身で心身のコントロールができていくとき、村の人たちの声を聞き、村をつくる仕事の尊さをかみしめ前へ進もうとするのである。

（近藤幹生『人がすき　村がすき　保育がすき』）

最後の部分は、お叱りを受けるかもしれない。真意については理解はいただけると思うが、もちろん率直にご意見をお願いしたいところである。

いま、園長及び職員の方々へお願いしたいことは、五年先、一〇年先、二〇年先の、保育園としての「夢」をもってほしいということである。そして、毎日の保育を、ていねいにかさねながら、焦ることなく、それぞれの保育の自由を追究できる、よき職員集団を形成することに力をかたむけてほしい。

たとえ「夢」が、どんなに小さな内容であったとしても、職員集団全員で確かめ合えた「夢」(ことば)をもっていれば、そこへ立ち返ることもできる。ときには休み、エネルギーを補給し、保育の自由を創造する道を、歩いていけるにちがいない。

あとがき

二〇一五年に新制度が開始され、すでに三年が経過した。また、保育園の運営や内容にかかわる新指針は一七年に告示された。一年間の周知期間を経て、一八年四月には、全国の保育園において施行されている。さらに一九年秋には、消費税の増税とともに、幼児教育・保育の無償化が具体化されようとしている。

本書では、こうした保育分野における諸施策の一部をなるべくわかりやすく説明してきた。同時に、こうした諸施策がもたらす問題点を指摘しながら、解決に向かうよりも、マイナスの影響が出てきていると、率直に意見を述べてきた。新制度後の現実に目を向けることは、前著『保育とは何か』(二〇一四年)以後、私が取り組む課題としてきた内容であった。

新制度により、待機児童問題は解決に向かっているといえるのだろうか。保育の量的拡大のみが優先され、保育の質については、後回しにされてきているのではないだろうか。新制度後、さまざまな保育施設が急増している。そこでの保育諸条件の改善は急がねばならない。厳しい条件のなかで奮闘する保育者たちの姿は、本書では十分に紹介できなかった。今後、つながりをつくり学び合いたい。

では、こうした現実に、どのように向き合ったらよいのか。私は、解決をめざす鍵として「保育の自由」という考え方を提起してきた。特に、子どもの権利条約を学ぶなかから、子ども観や保育観を豊かに創造することの大切さを述べてきた。全国の保育現場における保育の蓄積には目をみはる内容があると思っており、そこに社会全体が焦点をあてるべきだと考えている。

もちろん、「保育の自由」という理念的課題について、本書で十分に掘りさげられたとはいえず、読者の方々からの遠慮のない意見、疑問、批判などをお寄せいただきたい。

本書を書き終えようとする今秋、企業主導型保育の実態に関するニュースに直面した。企業主導型保育は、二〇一六年、待機児童解消のスピード感をもった解決策としてスタートしたが、定員を充足している保育園は、半数に満たないということである(『東京新聞』二〇一八年九月二三日、『西日本新聞』九月一七日など)。新聞社や放送局からの取材を受け、いま急いで対応してほしいことがあると次のように答えた。それは、保育の場にいる子ども、保育者、親の実情を把握することである。企業主導型保育に関して「健康診断の未実施」「保育の計画なし」などの指摘が多くされているからである。乳幼児の生命を預かる責任の重さを認識してほしい。そして、子どもの成長・発達を保障する保育をすすめてほしい。もちろん、新指針を学び、保育の計画や健康・安全の取り組みを早急に具体化してほしい。

もう一つは、保育需要を正確につかむことである。新制度は、市町村が実施主体である。それに対して企業主導型保育は、国主導ですすめてきている。双方の連携体制を欠いていることから、定員割れなどの問題が生じているのではないか。このまま放置されると、事業者が採算上の判断で撤退するという事態をまねきかねない。そうなれば、何よりも、子ども、保育者、親に影響が及ぶことになるから、急いでほしい。

前著『保育とは何か』に続き、『保育の自由』を書かせていただく機会を得たことに、とても感謝している。しかし、保育という分野（あるいは保育学という学問分野）への、より深い追究には、不十分さを残したままである。

本書に登場するすべての方々に、心よりお礼を伝えたい。第1章では、孫とその両親、保育者である片桐瞳さん、第6章では、たかつかさ保育園（京都）、まきば保育園（東京）、M保育園（九州）の、各園長先生はじめ職員と子どもたち、終章では、私立保育園長・島本一男さんである。それぞれの園を訪問・見学させていただき、長い時間をかけて、貴重な話から学んだ。保育者が、日頃の保育をとおして考えておられることを実践事例としてまとめることもできた。そして、写真などとともに本書へ掲載することに許可をいただいた。

終わりに、本書の構成などを含め、新書編集部の上田麻里さんからは、懇切丁寧なアドバイスをいただいたことに感謝し、あとがきとさせていただく。

二〇一八年一一月

近藤幹生

引用文献・参考文献——さらに学びたい方へ

第1章
◎子どものことば・表情を記録することに関する文献・資料
子どもとことば研究会・今井和子編著『0歳児から6歳児　子どものことば——心の育ちを見つめる』小学館、二〇一七年

第2章
◎児童の権利に関する条約（子どもの権利条約）に関する文献・資料
トメク・ボガツキ作、柳田邦男訳『コルチャック先生　子どもの権利条約の父』講談社、二〇一一年
喜多明人・森田明美・広沢明・荒牧重人編『逐条解説　子どもの権利条約』日本評論社、二〇〇九年
鈴木牧夫『子どもの権利条約と保育——子どもらしさを育むために』新読書社、一九九八年
国連「子どもの権利委員会」委員ロタール・クラップマンさんと語る会実行委員会『子どもの権利条約から保育の民間委託を考える——国連へ　みんなで届けた練馬の声』東京自治問題研究所、二〇〇六年
大田堯『大田堯自撰集成1　生きることは学ぶこと』藤原書店、二〇一三年
大田堯『かすかな光へと歩む　生きることと学ぶこと』一ツ橋書房、二〇一一年

大田堯『『はらぺこあおむし』と学習権――教育基本法の改定に思う』一ツ橋書房、二〇〇七年
大田堯・中村圭子『百歳の遺言――いのちから「教育」を考える』藤原書店、二〇一八年
大田堯『歩きながら考える　生命・人間・子育て』一ツ橋書房、二〇〇〇年
増山均『「あそび・遊び」は子どもの主食です！』子どもの権利条約31条ブックレット、特定非営利活動法人子どもと文化のNPO Art．31、二〇一七年
増山均『余暇・遊び・文化の権利と子どもの自由世界――子どもの権利条約第三一条論』青踏社、二〇〇四年
近藤幹生・瀧口優ほか『実践につなぐことばと保育』改訂版、ひとなる書房、二〇一六年
川口創・平松知子『保育と憲法――個人の尊厳ってこれだ！』大月書店、二〇一七年
猪熊弘子・國分功一郎・ブレイディみかこ『保育園を呼ぶ声が聞こえる』太田出版、二〇一七年

第3章

◎新制度及び待機児童問題など、保育・幼児教育制度の現状や保育施策などに関する文献・資料

普光院亜紀『保育園は誰のもの――子どもの権利から考える』岩波ブックレット、二〇一八年
小林美希『ルポ　保育格差』岩波新書、二〇一八年
全国保育団体連絡会・保育研究所編『保育白書』二〇一八年版、二〇一七年版、二〇一六年版、ひとなる書房
保育研究所編『保育情報』二〇一八年四～一〇月号
田村和之・伊藤周平・木下秀雄・保育研究所『待機児童ゼロ――保育利用の権利』信山社、二〇一八年
前田正子『保育園問題　待機児童、保育士不足、建設反対運動』中公新書、二〇一七年

小林美希『ルポ　保育崩壊』岩波新書、二〇一五年
近藤幹生『保育とは何か』岩波新書、二〇一四年
近藤幹生「少子化対策と保育施策」日本保育学会編『保育学講座2』所収、東京大学出版会、二〇一六年
岡健「保育所と幼稚園制度の現状と課題」日本保育学会編『保育学講座2』所収、東京大学出版会、二〇一六年
村山祐一「戦後の「一元化論」・「一元化・一体化政策」の動向と課題」日本保育学会編『保育学講座2』所収、東京大学出版会、二〇一六年
逆井直紀「保育所最低基準と規制緩和政策」日本保育学会編『保育学講座2』所収、東京大学出版会、二〇一六年
猪熊弘子『「子育て」という政治――少子化なのになぜ待機児童が生まれるのか？』角川ＳＳＣ新書、二〇一四年
前田正子『みんなでつくる子ども・子育て支援新制度――子育てしやすい社会をめざして』ミネルヴァ書房、二〇一四年
保育研究所編『これでわかる！　子ども・子育て支援新制度――制度理解と対応のポイント』ひとなる書房、二〇一四年
櫻井慶一・城戸久夫編著『「保育」の大切さを考える――新制度の問題点を問う』新読書社、二〇一四年

第4章

◎規制緩和、保育者の賃金・労働条件等に関する文献・資料

大倉得史編著・藤井豊・「青いとり保育園一斉解雇事件」裁判原告一同『先生、ボクたちのことをきらいになったからいなくなっちゃったの？――子ども不在の保育行政に立ち向かう』ひとなる書房、二〇一七年
保育園を考える親の会『100都市保育力充実度チェック』二〇一七年度版、二〇一八年度版
全国私立保育園連盟『保育・子育て総合研究機構報告書 No.2　1、2歳児保育の現状と課題』二〇一三年
逆井直紀「保育所最低基準と規制緩和政策」日本保育学会編『保育学講座2』所収、東京大学出版会、二〇一六年
垣内国光・小尾晴美・義基祐正・奥山優佳・川村雅則『日本の保育労働者――せめぎあう処遇改善と専門性』ひとなる書房、二〇一五年
村山祐一『もっと考えて!!　子どもの保育条件』新読書社、二〇〇一年
垣内国光編著『保育に生きる人びと――調査に見る保育者の実態と専門性』ひとなる書房、二〇一一年

◎保育の質に関する文献・資料

大宮勇雄『保育の質を高める――21世紀の保育観・保育条件・専門性』ひとなる書房、二〇〇六年
一見真理子「OECDの保育〈ECEC〉政策へのインパクト」日本保育学会編『保育学講座2』所収、東京大学出版会、二〇一六年
OECD編著『OECD保育白書』星三和子・首藤美香子・大和洋子・一見真理子訳、明石書店、二〇一一年

◎保育事故に関する文献・資料

武田さち子、赤ちゃんの急死を考える会企画・監修『保育事故を繰り返さないために——かけがえのない幼い命のためにすべきこと』あけび書房、二〇一〇年

平沼博将・繁松祐行・ラッコランド京橋園乳児死亡事故裁判を支援する会編著『子どもの命を守るために——保育事故裁判から保育を問い直す』クリエイツかもがわ、二〇一六年

第5章

◎新指針・新要領に関する文献・資料

厚生労働省　保育所保育指針全文は、以下のURL

https://www.mhlw.go.jp/file/06-Seisakujouhou-11900000-Koyoukintoujidoukateikyoku/0000160000.pdf

厚生労働省編『保育所保育指針解説』フレーベル館、二〇一八年

文部科学省『幼稚園教育要領解説』フレーベル館、二〇一八年

内閣府・文部科学省・厚生労働省『幼保連携型認定こども園教育・保育要領解説』フレーベル館、二〇一八年

無藤隆・汐見稔幸・砂上史子『ここがポイント！　3法令ガイドブック』フレーベル館、二〇一七年

大宮勇雄・川田学・近藤幹生・島本一男編『どう変わる？　何が課題？　現場の視点で新要領・新指針を考えあう』ひとなる書房、二〇一七年

梅原利夫「幼稚園教育要領と小学校学習指導要領との連結」『新学習指導要領を主体的につかむ』所収、新日本出版社、二〇一八年

全国保育団体連絡会・保育研究所編『保育白書』二〇一八年版、二〇一七年版、ひとなる書房

越川葉子「「学校的社会化」の視角からみる保育の学校化」全国保育問題研究協議会編集委員会編『季刊保育問題研究286号、特集　改定「保育所保育指針」・改訂「幼稚園教育要領」を読み解く』所収、新読書社、二〇一七年
竹石聖子「「一〇の姿」に奪われる子ども期――新要領・指針の意図」教育科学研究会編『教育　873号、特集1　ねらわれる幼児期、子育ての不安』所収、かもがわ出版、二〇一八年
大宮勇雄「子どもの主体性を育む視点をさぐる」保育研究所編『保育の研究No. 28』所収、ひとなる書房、二〇一八年
全国私立保育園連盟『保育通信』連載記事「改定保育所保育指針を読んで」二〇一七年六月～二〇一八年一〇月号
渡邉保博「養護と教育(5領域)」日本保育学会編『保育学講座3』所収、東京大学出版会、二〇一六年
大谷尚子『養護教諭のための養護学・序説』ジャパンマシニスト社、二〇〇八年
大谷尚子監修『養護ってなんだろう』ジャパンマシニスト社、二〇〇七年
藤田和也『養護教諭が担う「教育」とは何か――実践の考え方と進め方』農山漁村文化協会、二〇〇八年
中西新太郎『保育現場に日の丸・君が代は必要か?』ひとなる書房、二〇一七年
中西新太郎「なぜ「就学前までに育ってほしい姿」が位置づけられたのか」保育研究所編『保育の研究 No. 28』所収、ひとなる書房、二〇一八年
佐藤広美・藤森毅『教育勅語を読んだことのないあなたへ』新日本出版社、二〇一七年
山住正己『子どもの歌を語る』岩波新書、一九九四年

田中伸尚『ルポ　良心と義務――「日の丸・君が代」に抵う人びと』岩波新書、二〇一二年
田中伸尚『日の丸・君が代の戦後史』岩波新書、二〇〇〇年
西原博史『良心の自由と子どもたち』岩波新書、二〇〇六年
平井美津子『教育勅語と道徳教育――なぜ、今なのか』日本機関紙出版センター、二〇一七年
曽我逸郎『国旗、国歌、日本を考える――中川村の暮らしから』トランスビュー、二〇一四年
岩波書店編集部編『教育勅語と日本社会』岩波書店、二〇一七年

第6章
藤井修　研究ノート「蚕はお年寄りと子どもたちを結ぶ触媒――異世代の関係を豊かに　都市と山村の協働のとりくみ」『日本世代間交流学会誌　Vol. 6』二〇一七年
たかつかさ保育園(冊子)「保育所保育指針改定をうけてたかつかさ保育園が大事にしていきたいこと」二〇一八年

終章
◎ミヒャエル・エンデ「モーｰのすばらしい絵」
ミヒャエル・エンデ『魔法の学校――エンデのメルヒェン集』矢川澄子他訳、岩波書店、一九九六年
◎AI(人工知能)にかかわる文献・資料
新井紀子『ＡＩ　VS. 教科書が読めない子どもたち』東洋経済新報社、二〇一八年

◎ESD、センス・オブ・ワンダーに関する文献・資料
全国私立保育園連盟保育国際交流運営委員会『地球にやさしい保育のすすめ』全国私立保育園連盟、二〇一四年
OMEP日本委員会『持続可能な世界の実現に向けて――ESDの取り組みの軌跡』OMEP日本委員会、二〇一七年
冨田久枝・上垣内伸子他『持続可能な社会をつくる日本の保育　乳幼児期におけるESD』かもがわ出版、二〇一八年
レイチェル・カーソン『センス・オブ・ワンダー』上遠恵子訳、森本二太郎写真、新潮社、一九九六年
レイチェル・カーソン日本協会編『「環境の世紀」へ――いまレイチェル・カーソンに学ぶ』かもがわ出版、一九九八年
◎過疎地域の保育に関する文献・資料
福田いずみ「人口減少時代に見過してはならない過疎地域の保育問題」『共済総研レポート No. 147』JA共済総合研究所、二〇一六年
櫻井慶一『保育制度改革の諸問題――地方分権と保育園』新読書社、二〇〇六年
西垣美穂子『へき地保育の展望』佛教大学研究叢書、高菅出版、二〇一二年
◎職員集団のあり方、園長論などに関する文献・資料
近藤幹生『人がすき　村がすき　保育がすき』ひとなる書房、二〇〇〇年
近藤幹生・塩崎美穂『保育の哲学』1～4、ななみ書房、二〇一五年～一八年

新保庄三＋編集委員会編『保育力はチーム力――同僚性を高めるワークとトレーニング』ひとなる書房、二〇一七年
安達譲・安達かえで・岡健・平林祥『子どもに至る――保育者主導保育からのビフォー&アフターと同僚性』ひとなる書房、二〇一六年

近藤幹生

1953年東京都生まれ．白梅学園大学・短期大学学長・教授(保育学)．

信州大学教育学部卒業，聖徳大学大学院博士課程修了，博士(児童学)．

1978～2004年，長野県・山梨県・千葉県で私立保育園保育士・園長を経験．2004～07年，長野県短期大学幼児教育学科専任講師，同付属幼稚園園長兼務．2007年より，白梅学園短期大学保育科准教授，同大学子ども学部子ども学科教授を経て18年より現職．日本保育学会，幼児教育史学会などの会員．

著書――『人がすき 村がすき 保育がすき』(ひとなる書房)，『保育園と幼稚園がいっしょになるとき』『保育園「改革」のゆくえ』(いずれも岩波ブックレット)，『明治20・30年代における就学年齢の根拠に関する研究』(風間書房)，『保育とは何か』(岩波新書)，『保育の哲学1・2・3・4』(共著，ななみ書房) など．

保育の自由　　岩波新書(新赤版)1752

2018年12月20日　第1刷発行

著　者　近藤幹生《こんどうみきお》

発行者　岡本　厚

発行所　株式会社 岩波書店
〒101-8002 東京都千代田区一ツ橋2-5-5
案内 03-5210-4000　営業部 03-5210-4111
http://www.iwanami.co.jp/

新書編集部 03-5210-4054
http://www.iwanamishinsho.com/

印刷・理想社　カバー・半七印刷　製本・中永製本

ISBN 978-4-00-431752-4　　Printed in Japan

岩波新書新赤版一〇〇〇点に際して

ひとつの時代が終わったと言われて久しい。だが、その先にいかなる時代を展望するのか、私たちはその輪郭すら描きえていない。二〇世紀から持ち越した課題の多くは、未だ解決の緒を見つけることのできないままであり、二一世紀が新たに招きよせた問題も少なくない。グローバル資本主義の浸透、憎悪の連鎖、暴力の応酬――世界は混沌として深い不安の只中にある。

現代社会においては変化が常態となり、速さと新しさに絶対的な価値が与えられた。消費社会の深化と情報技術の革命は、種々の境界を無くし、人々の生活やコミュニケーションの様式を根底から変容させてきた。ライフスタイルは多様化し、一面では個人の生き方をそれぞれが選びとる時代が始まっている。同時に、新たな格差が生まれ、様々な次元での亀裂や分断が深まっている。社会や歴史に対する意識が揺らぎ、普遍的な理念に対する根本的な懐疑や、現実を変えることへの無力感がひそかに根を張りつつある。そして生きることに誰もが困難を覚える時代が到来している。

しかし、日常生活のそれぞれの場で、自由と民主主義を獲得し実践することを通じて、私たち自身がそうした閉塞を乗り超え、希望の時代の幕開けを告げてゆくことは不可能ではあるまい。そのために、いま求められていること――それは、個と個の間で開かれた対話を積み重ねながら、人間らしく生きることの条件について一人ひとりが粘り強く思考することではないか。その営みの糧となるものが、教養に外ならないと私たちは考える。歴史とは何か、よく生きるとはいかなることか、世界そして人間はどこへ向かうべきなのか――こうした根源的な問いとの格闘が、文化と知の厚みを作り出し、個人と社会を支える基盤としての教養となった。まさにそのような教養への道案内こそ、岩波新書が創刊以来、追求してきたことである。

岩波新書は、日中戦争下の一九三八年一一月に赤版として創刊された。創刊の辞は、道義の精神に則らない日本の行動を憂慮し、批判的精神と良心的行動の欠如を戒めつつ、現代人の現代的教養を刊行の目的とする、と謳っている。以後、青版、黄版、新赤版と装いを改めながら、合計二五〇〇点余りを世に問うてきた。そして、いままた新赤版が一〇〇〇点を迎えたのを機に、人間の理性と良心への信頼を再確認し、それに裏打ちされた文化を培っていく決意を込めて、新しい装丁のもとに再出発したいと思う。一冊一冊から吹き出す新風が一人でも多くの読者の許に届くこと、そして希望ある時代への想像力を豊かにかき立てることを切に願う。

（二〇〇六年四月）

環境・地球

水の未来　沖 大幹
異常気象と地球温暖化　鬼頭昭雄
エネルギーを選びなおす　小澤祥司
欧州のエネルギーシフト　脇阪紀行
グリーン経済最前線　井田徹治／末吉竹二郎
低炭素社会のデザイン　西岡秀三
環境アセスメントとは何か　原科幸彦
生物多様性とは何か　井田徹治
キリマンジャロの雪が消えていく　石 弘之
イワシと気候変動　川崎 健
森林と人間　石城謙吉
世界森林報告　山田 勇
地球の水が危ない　高橋 裕
地球環境報告Ⅱ　石 弘之
地球温暖化を防ぐ　佐和隆光
地球環境問題とは何か　米本昌平
地球環境報告　石 弘之
国土の変貌と水害　高橋 裕
水俣病　原田正純

情報・メディア

K-POP　新感覚のメディア　金 成玟
メディア不信　何が問われているのか　林 香里
グローバル・ジャーナリズム　澤 康臣
キャスターという仕事　国谷裕子
読んじゃいなよ！　高橋源一郎編
読書と日本人　津野海太郎
スポーツアナウンサー　実況の真髄　山本 浩
戦争と検閲　石川達三を読み直す　河原理子
NHK〔新版〕　松田 浩
震災と情報　徳田雄洋
メディアと日本人　橋元良明
本は、これから　池澤夏樹編
デジタル社会はなぜ生きにくいか　徳田雄洋
ジャーナリズムの可能性　原 寿雄
ITリスクの考え方　佐々木良一
ユビキタスとは何か　坂村 健
ウェブ社会をどう生きるか　西垣 通
報道被害　梓澤和幸
メディア社会　佐藤卓己
現代の戦争報道　門奈直樹
未来をつくる図書館　菅谷明子
メディア・リテラシー　菅谷明子
職業としての編集者　吉野源三郎
本の中の世界　湯川秀樹
私の読書法　大内兵衛／茅 誠司

岩波新書より

教育

異才、発見！	伊藤史織
パブリック・スクール	新井潤美
新しい学力	齋藤　孝
学びとは何か	今井むつみ
考え方の教室	齋藤　孝
学校の戦後史	木村　元
保育とは何か	近藤幹生
中学受験	横田増生
いじめ問題をどう克服するか	尾木直樹
教育委員会	新藤宗幸
先生！	池上　彰編
教師が育つ条件	今津孝次郎
大学とは何か	吉見俊哉
赤ちゃんの不思議	開　一夫
日本の教育格差	橘木俊詔
社会力を育てる	門脇厚司
子どもが育つ条件	柏木惠子
障害児教育を考える	茂木俊彦
誰のための「教育再生」か	藤田英典編
教育力	齋藤　孝
思春期の危機をどう見るか	尾木直樹
学力を育てる	志水宏吉
幼児期	岡本夏木
教科書が危ない	入江曜子
「わかる」とは何か	長尾　真
学力があぶない	大野　晋 上野健爾
ワークショップ	中野民夫
子どもの危機をどう見るか	尾木直樹
子どもの社会力	門脇厚司
教育改革	藤田英典
ニューヨーク日本人教育事情	岡田光世
子どもとあそび	仙田　満
子どもと学校	河合隼雄
教育とは何か	大田　堯
からだ・演劇・教育	竹内敏晴
教育入門	堀尾輝久
子どもの宇宙	河合隼雄
子どもとことば	岡本夏木
自由と規律	池田　潔
私は二歳	松田道雄
私は赤ちゃん	松田道雄
ある小学校長の回想	金沢嘉市

岩波新書／最新刊から

1743 大化改新を考える 吉村武彦 著

例えば『日本書紀』の「雨乞い」記事から、何が読みとれるか。徹底した史料解読を通じて日本史上最も有名な大改革の実態に迫る。

1744 移民国家アメリカの歴史 貴堂嘉之 著

近代世界のグローバルな人流や、日本・中国などアジア系移民の歴史経験に着目して、「移民の国」のなりたちと理念をとらえる。

1745 アナキズム ―一丸となってバラバラに生きろ 栗原康 著

人生は爆弾だ。正しさをぶちこわせ！ 歌い、叫び、笑う、アナキストの精神。主義を超えた真実への問いがアナーキーな文体で炸裂。

1746 日本の同時代小説 斎藤美奈子 著

激動の半世紀、「大文字の文学の終焉」が言われる中にも、小説は書き続けられてきた！ ついに出た、みんなの同時代文学史。

1747 幸福の増税論 ―財政はだれのために― 井手英策 著

「公・共・私のベストミックス」の理念のもと、すべての人に「ベーシック・サービス」を。財政・社会改革の未来構想を語り尽す。

1748 給食の歴史 藤原辰史 著

明暗二つの顔を持つ給食。貧困、災害、運動、教育、世界という五つの視角によって、知られざる歴史に迫り、今後の可能性を探る。

1749 認知症フレンドリー社会 徳田雄人 著

医療的な対応だけでなく社会そのものを変えてみよう。図書館や新たな就労の場等を当事者と共に創っている、先進的な国内外の実践。

1750 百姓一揆 若尾政希 著

「反体制運動ではなかった」、「竹槍や蓆旗《むしろばた》は使われなかった」――大きく転換した百姓一揆の歴史像から、近世という時代を考える。

（2018.12）